平山夢明

Yumeaki Hirayama

怪談遺産《カイダンイサン》

竹書房

怪談遺産

◎目次

怪談遺産

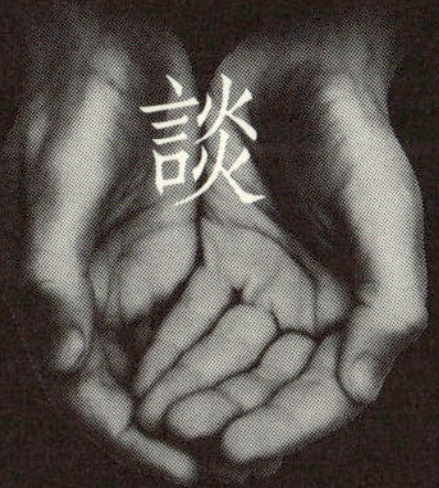

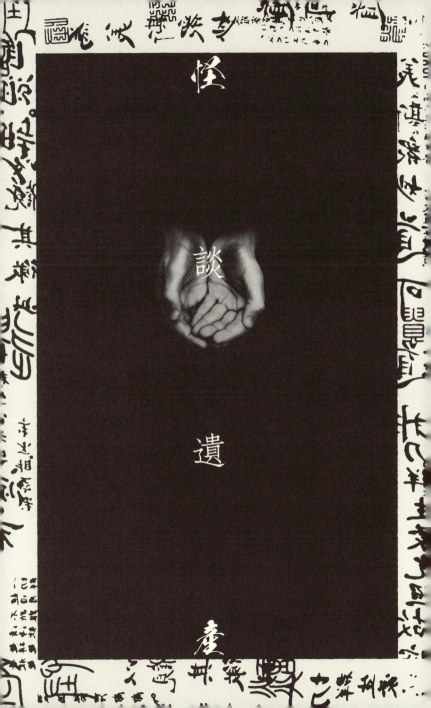

海へ

Aさんの家は代々、漁師をしていた。戦前は網元の下で何人もの船頭を束ねる船頭長的なこともしていたのだという。

戦後になってからは次第に漁も少なくなり、Aさんが生まれた頃には祖父が数人の仲間と細々と続けるのみになっていた。すでに、父親は普通のサラリーマンだった。

実家には蔵があった。子供の目にはいろいろと面白いものが入っていたのだが、銛《もり》やヤスなどの漁道具も置いてあり、親は危険だと子供たちだけで入ることを禁じていた。

蔵の壁には古い神棚があった。祖父の話では古くから伝わる〈海神様〉で、いまは漁をほとんどしなくなってしまったので母屋から移し、蔵でお休みいただいているのだと云った。

それでも祖父は毎日、蔵へ入っては米、塩、水、酒、榊《さかき》を欠かさずにお供えしていた。

ある時、Aさんは蔵にひとりで入った。庭で猫を撫でていると童《こども》の声に呼ばれた気がしたのである。

昼間のうち、蔵は施錠されておらず、重い土壁の扉は開け放してある。二枚目の泥棒除けの金網が張られた木戸だけが閉じてあった。

蔵のなかに入ると夏でもひんやりとしていた。正面奥には祖父の大事にしている〈海神様〉の棚がある。誰も居るはずはないのに、誰か居たらどうしようと気配に耳を尖《とが》らせた。猫は蔵の外で睨むだけで珍しく入ってこない。

不意に蔵がぐらりと揺れた。一度だけのことであったけれども、咄嗟《とっさ》に側《そば》にあった長持ちに摑まらなければならないほどだった。

気を慥《たし》かにすると隅に見慣れない綺麗なものが落ちていた。子供の掌《てのひら》に収まってしまうほどの珠《たま》だった。どういう仕掛けなのか内側から薄碧色の光が差してくる。

なにが入っているのだろう……目を近づけるとなかの碧が濃くなって様子は伺えず、

離すとまた元の薄碧に戻る。

珠を手に蔵の外に出ると臆病なはずの猫がなにごともなかったかのように蔵の陰で毛《け》繕《づくろ》いをしていた。

Aさんは珠を持ち帰ると机の抽斗《ひきだし》にしまった。夜、薄掛け布団の中で見ると暗がりが燦《きら》めいて洞窟のようになった。

何故だか急に思い立ち、珠を持って家を出た。そのまま磯に走って行ったのだが、サンダルが岩に引っかかり、手から飛び出すような格好で珠が落ちた。

岩に当たった途端、珠は割れた。得も云われぬ綺麗な碧色をした濃い液体が這い出し、のたくるように岩間に消えるのを見た。

波は次々に岩を舐め、珠を破片ごと攫《さら》っていってしまった。

Aさんは暫《しばら》く呆けたように立ち尽くしていた。

翌日、妙な気配で目が覚めた。軀《からだ》全体がぷかりぷかりと持ち上げられるような、ぬるやかな快味《かいみ》のなか、胸のあたりまで海に浸かっていた。日が昇る直前なのか、水平線が赤い。

奇妙な夢だなと思った途端、大きく波を被り、息が詰まり、喉が灼けた。自分の悲鳴でそれが紛《まぎ》れもない現実だと気づかされた。見れば潮の速い、地元の人間は〈早瀬〉と呼んで近づかない場所にひとりぼっちで浮いていた。

浜に戻ろうと藻《も》掻《が》くうち手足が仄明《ほのあか》るいことに気づいた。碧色の光がまとわりついているのだ。

命からがら浜に辿り着き、玄関に飛び込んだ途端、初めて大声を上げて泣いた。

驚いた両親が飛び出してき、事の次第を問い質したがAさんはそのまま二日ほど夢も見ず、こんこんと眠った。

ようやく起き上がることができて初めて、たどたどしくなにがあったかを話し始めた。黙って聞いていた祖父が「海神様に見初められたな。気の毒に……」と、ポツリ云った。

両親は祖父からAさんを今後、決して海の近くに行かせてはならないと厳命され、即日、彼女は山梨の叔父の元に預けられた。

以来、海には近づかない。どうしても行かなくてはならぬ場合には友人など近くにいる人か、柱に手を細紐で括《くく》ることにしている。

その際、人で失敗したのは一度きりであると云った。括った紐が切れ、相手が戻ってこなかったそうである。

呼ぶ

就職を機に上京したBさんが住むコーポの近くに、朽ちた木祠《もくし》があった。

灰色に煤《すす》け、土台は傾ぎ、格子の扉は蝶番《ちょうつがい》が外れている。破風《はふ》や桁《けた》、羽目板も歪み、屋根は潰れ、社の残骸といった風である。

コーポは、夜間でも交通量の多い幹線道路を一本奥に入ったところにあった。

ある夜、帰宅してカバンから出した携帯に親友からの着信履歴が残っていた。留守録にもなにも入っていないので折り返すと、かけていないという。また次の夜にも同じことがあった。別の友だちだが、やはりかけていないという話だった。

そんなことが続くので気になったBさんは、退社時に携帯を確認し、電車を降りたところでまた確認、そして部屋に戻ったところでまたも確認するようにした。すると、履歴は帰宅途中の駅から自宅までの間に残されたことがわかった。鳴るように設定していても、気づかぬうちにいつの間にか履歴が付く。

ショップに持っていったが故障はしていないし、原因もはっきりしない。

翌日の帰り道、彼女は駅を出るとスマホを握るようにした。

Bさんが利用する駅は商店街を抜けると一気に街灯の数も光量も少なくなる。幹線道路に出てコーポのある路地を入ったところで携帯が点滅した。中学校時代の担任の名が浮かんでいた。二年前の同窓会で再会した際に交換したものだった。

深夜零時を過ぎていた。勿論、この時刻にかけてくる相手ではない。

まだ留守録にはなっていない——通話は可能だった。

立ち止まって首を傾げながら、通話ボタンを押そうとしたBさんはハッとした。

目の前にあるあの朽ちた木祠が目に留まった。

——壊れかけた扉の格子から人が覗いていた。

興味深げに凝視する顔で、隙間がびっしりと埋まっていた。

〈うわっ〉

声にもならない音をさせてBさんはその場を離れた。

それからも度々、履歴は残ったが一切、無視するようになった。

また、帰り道に木祠の前を通るのを避けた。

履歴が残らなくなった頃、幹線道路で人身事故が起きた。

若い女性が突然、路地から身を投げるようにしてトラックの前に飛び出したのだ。

——即死だった。

目撃者の話では、あの木祠の前で一度、立ち止まった後、狂ったような勢いで幹線道路に飛び出したということであった。

たなかさん

Cさんが九歳の頃、少しの間、家に居候が居た。

初めてその人を見たのは夜中のことだった。当時、Cさん一家は中古だが一戸建てを購入したばかりだった。銀行に勤めるお父さんはいつも溌剌《はつらつ》としていて、三つ下の妹を含めた家族四人の家族の生活は楽しく、毎日が充実していた。それまでのアパートではなかった子供部屋を貰ったのも、Cさんにとっては嬉しいことだった。

ある夜中、滅多に起きることのない彼女がトイレに起きた。その夜、妹は隣の両親の寝室で寝ていた。

用を足してベッドに戻ろうとした時、一階から人の気配がした。一階は照明が点いていないので真っ暗である。不思議に思って階段を下りかけると煙草のにおいがした。

Cさんの家に喫煙者はいなかった。

キッチンに顔を出すと、暗いテーブルにひとりの男が座っていた。

Cさんを見ると〈こんばんわ〉というように頭をこくりと下げた。指には煙草が挟んであり、男は彼女を見て驚く風でもなく座ったまま、また煙草を咥えた。

驚いた彼女は両親の部屋に駆け込んだ。知らない人が居るよ、と告げるとお父さんが起き上がり、階下に降りて行った。母親と黙って待っていると、やがてお父さんが戻ってきた。あれは誰？　とCさんが訊くと〈たなかさん〉だと云われた。仕事関係の職人さんで家が遠いので泊めてあげたのだと云う。遅いからもう寝なさいと云われ、その夜は親子四人一緒に寝た。

それからも日を空けずに〈たなかさん〉は家に泊まった。Cさんも夜中に目が覚めるようになり、そのたびにキッチンを覗いた。真っ暗なテーブルに、たなかさんはぽつりと座っていた。

〈たなかさん〉はいつまで家に居るの？　と訊くと、〈たなかさん〉は仕事の関係で遅くやってきて、早朝に帰宅するから気にしないの、とお母さんは云った。

ある夜中、また煙草のにおいがしたのでCさんはキッチンを覗いた。

テーブルに〈たなかさん〉が居た。

いつもならすぐ部屋に戻るのだが何故かその時だけ、Cさんは〈こんばんわ〉と初めて声を掛けた。

〈たなかさん〉は凄く怖い顔で彼女を睨むと〈おまえのお父さんは悪い人だ〉と云って――消えた。

あまりのことにびっくりして泣き出すと、両親が駆け下りてきた。たなかさんが……たなかさんが……と火がついたように泣きじゃくるCさんを見てお父さんは青褪《あおざ》め、がっくりと肩を落とした。

翌日、お父さんは轢き逃げの罪で自首した。

その後の生活は根底から覆ってしまったという。

うたた寝

高校時代、Dは午後の授業をまともに聞いた記憶がない。彼の高校は一科目が九十分で一日に三授業しかなかった。午前はなんとか頑張っても、午後は昼飯を喰うと睡魔に襲われ、一時からの九十分が耐えられないのだという。

県内トップレベルの成績を上げている部活にいたせいか、教師も敢えて酷く叱るようなことはなかった。故にDは腹がはち切れるほど昼飯を喰うと、午後は消化と部活のための体力温存に努めるのだ。

うたた寝という彼の睡《ねむ》り方は大胆だった。教科書を拡げた上にふかふかのタオルを敷き、顔を載せる。すると忽ち睡魔がやってきた。

この時に見る夢が面白いのだという。

D曰く、夜の夢とうたた寝の夢は全く違うのだそうだ。授業中に見る夢は思った以上に〈ダリ〉的だと彼は云う。つまりサイケで突拍子もないようなことが次から次へと起こることが多い。だからまた夜の夢とは別の味わいがあり、寝てるといえどもアクティブで、部活前のウォームアップのようなものらしい。

そんなある時のこと、いつものように授業中の惰眠を貪っていると、Dは森のなかに居て、仙人に逢った。仙人は、おまえは人間としても男としても、とてもとても深く深く愚かであるから、この洞窟を通って抜けられるかと云った。到底、抜けられまいとも云った。おまえは人間の屑だからじゃと云った。

Dは夢のなかで猛烈に腹が立った。それほど莫迦じゃない。見てろ、と目の前に現れた洞窟に入りどんどんと進んで行く。進むうちに、その幅が次第次第に狭くなってきた。狭くなり身動きがとりづらくなるほど、〈なるほど、壁に金が埋まっているのだな〉という思いが強くなった。おれの我慢と根性が、壁の金に生まれ変わっているのだという気持ちになった。

そのうち、どうにも身動きができぬほど狭くなってしまった。もう前後も左右も壁に迫られて進めない。

しかし、いずれも金色だ。金だ。これは全部、おれの根性が創り上げたものなのだと嬉しくなった反面、どうやって脱出しようかと迷った。

するといきなり、〈喰えばいいのだ〉という結論が頭のなかに落ちてきた。

金を、喰えば喰った分だけ腹に溜まる。家に持って帰って母親に見せれば大喜びするだろうし、おれも洞窟から抜け出ることができて助かる。

まさに一石二鳥だとほくそ笑み、Dは目の前の壁に噛みつきだした。噛みついて噛みついて噛みつきまくっているうちに、次第に人の声がしてきた。

出口は近いと思った。

なるほど、あの仙人め、ただ歩いて洞窟を抜けさせるだけでは足りぬと見えて、敢えて金を喰わせる正解を用意していたのか、と至極、夢のなかのDは納得しつつ、さらに噛みつきつつ前に進んだ。やがて聞こえていた声が子供のものだとハッキリわかるほどになった。もう薄皮一枚で洞窟を出られるのだ。

最後のひと囓りふた囓りをした瞬間、壁がすっぽ抜け、顔の左半分だけが露出するように空気に触れた。――まさしく、しゃがみ込んだ小さな子供が自分を見下ろしていた。その手にはスコップが握られていた。

Dの左目は見上げるような格好で子供と目が合ったので驚かせてはいけないと〈よう〉とばかりにニッコリ微笑んだ。

子供は立ち上がるといきなり、Dの顔を思い切り踏みつけた。

リアルな激痛にDは悲鳴を上げて飛び起きた。そこは授業中の教室で、さすがにその時は〈顔を洗ってこい！〉と教師から怒鳴りつけられた。

周囲の失笑を背に受けながら洗面所へ行き、顔を洗ったDは鏡に映った顔を見て驚いた。靴の痕が赤くくっきりと残っていたのだ。

それは子供の上履きの痕だった。

放課後、夢の体験を話すDのことを誰も本気にはしなかった。偶然だと云うのである。

Dにもリアルな夢だったという以上の反論はできない。

なんだかモヤモヤしたまま部活動を終え、校門を出た。

帰り道、不意に声をかけられた。見ると陸上ホッケーをしている同級生だった。

Dの隣の列に座っている。彼も、D同様うたた寝派だった。
おれ、見たぜ、と彼は戸惑い気味に云った。
なにが、と問うと、
おれもそろそろ寝ようかと思っていたら、おまえの姿が目に入ったんだ。そしたら
……机に顔が半分埋まっていた。
なにかの見間違いだろというDに、おれも驚いて何度も見直したから間違いない、と
云いきった。
靴痕はふた月ほど残っていたという。

心中

若かった頃、Eさんは彼女を連れて地元の埣を深夜ドライブしていた。
中腹まで差し掛かると、それまで楽しそうにしていた彼女が突然、あっと声を上げた。
橋のたもとに人がいた。夜中の山中である。
その人は彼の車を見ると手を振った。
白っぽいジャンパーを着た初老の男だった。
彼に向かって頻りに頭を下げている。
Eさんは車を寄せると「故障ですか?」と訊ねた。
すると男はいまにも泣き出しそうな声で「実は妻が飛び降りてしまって」と云った。
慌ててEさんは車から懐中電灯を持って出ると、老人の指差すあたりを照らした。

確かにスカートを穿いた白い足が遥か底の川瀬に見える。

携帯で通報しようとしたが圏外になってしまった。

仕方がないので携帯の入るところまで移動し、通報してから戻ってきた。

パトカーがくるまで、老人を後部座席に乗せて待つことにした。

老人は震えながら、妻が落ちたのは実は昨日のことなのだと告げた。借金苦から心中しにきたのだが妻が先に欄干を越えて飛び降りた後、自分も飛び降りようとしたが、どうしても果たせずに帰宅してしまった。どうしようと逡巡しているうち、ここにまた戻ってきてしまったのだ、と云った。

凄く暗い声だった。

突然のことに、助手席の彼女はすっかり血の気を失っていた。

目を離すと飛び降りてしまうかもしれないので、Eさんは老人が外に出てしまわないよう気をつけていた。

小一時間ほどしてパトカーの回転灯が見えてきた。車外に出て手を振ると警官がふたり現れた。事情を説明し、後部座席に居る老人を当事者だと告げると、懐中電灯で車内を照らしたままこちらを振り返る。

どこですか？　と、警官が少々気色ばんだ調子で云う。

老人は後部座席で項垂《うなだ》れたままである。

そこですよ、とEさんは指差す。

隣にきていた彼女が、Eさんの腕を痛いほど摑んで「怖い」と鋭い声を上げた。

なにを云ってるんだ。警官が舌打ち気味に懐中電灯を外した途端、下を覗き込んでいたもうひとりの警官が「誰かが落ちてるぞ！」と声を上げた。

パトカーから大型の照明が運ばれ、下の川瀬を照らし出した。

あっとEさんは絶句した。先ほどのスカートの脇にもうひとり倒れていた。

反射的に車をふり返ると、後部座席に居た老人の姿は消えていた。

彼らはそのまま警察署で事情を訊かれた。

あまりに不思議な話に、聴取は明け方までかかってしまった。

ようやく解放された頃、取り調べの刑事が、
きみが会ったという男性だけれども。死亡時刻はきみたちが証言している日の前日の

夕刻、遺体は動物に食い荒らされた痕があった。奥さんは同じく、きみが男性と会ったと証言している時間の一時間ほど前に飛び降りたようだ。

老人がEさんにした話とはまるであべこべだが、後追い自殺した妻の死体を、熊や狸に食い荒らされたくはなかったのかもしれないな、とEさんは云った。

ヨミ

良美《よしみ》という名前の子だったという。

県外から彼女が転校してきたのはFさんが中学校の頃、初日の挨拶でも殆ど聞こえない声でぼそぼそと話す子だった。担任に促されて友だちになろうと何人かが話しかけたが、どこか無関心で相手にしないといった風だったので、じきに友だちになろうというクラスメートもいなくなった。

授業はまるで聞いていないようで、机に肩肘を着いて長い髪の中に顔を埋《うず》め隠したままでいる。彼女の殻を破ろうとした教師もいたが、あまりの取り付く島のなさに諦めてしまった。

彼女はひとりで学校にき、ひとりで弁当を喰い、ひとりで帰った。必要最低限のやりとり以外でFさんは彼女が誰かと話しているのを見たことがなかった——それと笑顔も。彼女はいつも虚ろな目を窓の外に向けていた。それ以外は机に俯せているか、髪のなかに埋もれているかだった。

いつしか口の悪い男子が彼女に〈おばけ〉という仇名をつけた。Fさんは、それはいけないと思った。思春期特有の正義感も手伝って、そんな仇名を口にする男子を叱ったり、追っかけたりした。

だからといって別段、良美がFさんに感謝していたわけではない。まるで他人事のように態度は一貫して変わらなかった。

ある日、おつかいを済ませて帰ると家の前に人が居た——良美だった。

驚くFさんに良美は家に来ないかと誘った。夕食まではまだ間がある時間だったので遅くならなければと承諾した。良美の家は公団住宅だった。部屋には似つかわしくない大きな仏壇があり、その脇に丸まるように座る老婆が居た。Fさんを見て〈こんばんわ〉と云った顔が随分と哀しそうだった。

良美の部屋に入ると桟《さん》に写真の入った額縁が三つ飾られていた。良美は〈家族。事故で全滅。生き残ったのはアタシだけ〉と笑った。

応えに窮していると、良美は老婆が運んできた菓子を開け始めた。

アタシのほんとの名前はヨシミじゃなくて、きっとヨミなのよ。

彼女は黄泉《よみ》という字を書いて、見せた。あの世は自分の故郷だから怖くない、と付け加えた。

Fさんはなにごともないように話す彼女を見ていて胸が苦しくなった。

それから、アタシ漫画家になりたいんだと良美はノートを拡げて見せた。

チェック柄のマス目に睫毛の長い目玉がズラリと埋め込まれている絵だった。端には三日月が顔面に突き立ったまま笑っている少女がいる。

不気味でなにもかもが狂っていた。

良美はノートを次から次へと取り出しては見せた。どれもが同じように目玉と唇、曲がった手足、歪んだ顔と女性器や男性器の羅列で埋まっていた。

わたし、そろそろ……と立ち上がりかけたFさんに良美は云った。

〈アタシが無事にムコウに着いたらアンタには教えてあげるから〉

曖昧に頷き、Ｆさんは良美の部屋を出た。

良美が通勤快速に飛び込んで即死したのは一週間後のことだった。

下校途上であったため、他にもたくさんの生徒がホームに居たという。Ｆさんは部活で時間帯がずれていたので目撃することはなかったが、実際に目撃した生徒のなかには学校を暫く休まなくてはならない者まで出た。

翌日、生徒全員が体育館に集められ校長先生から説明があった。イジメはなかったかとホームルームで担任が生徒に尋ねた。

そのうち、飛び込む時に彼女は笑っていたとか、忘れ物を取りに放課後、教室に戻ると窓からぼろ切れのようになった彼女が覗き込んでくるとか、誰もいないのに授業中、背中を撫でられたとか、妙な噂が立つようになった。

ある放課後、部活を終えたＦさんが忘れ物を取りに戻った。夕陽が無人の教室を紅く染めていた。いつもならもっと人の気配がするはずなのに、その日だけは廊下もシーンと静まり返っていた。

忘れ物を手にし、教室を出ようと顔を上げたFさんは絶句した。
なにもなかった黒板が、良美の描いたあの絵で埋め尽くされていた。
背後で掃除用ロッカーが激しくガタガタ揺れた。Fさんは後も見ずに駆け出した。
しかし、怪異はそれきり、その一度だけだった。

人殻《ひとがら》

Gは学生時代、遭難したことがあった。原因は山を舐めていたからだと彼は云う。

高校三年の時、夏のT山に入った。泊まる気はなく受験でガチガチになった頭をリラックスさせるのが目的だった。

デニムにスニーカー、勿論、地図など持つはずもなくナップザックに握り飯と水のペットボトルを突っ込んだ軽装だった。それでも休日ということもあり他の登山者に従って歩けばよく、なんの問題もなかった。

頂上で休憩した時、ふと同じ道を下るのはつまらなく感じた。登りが思った以上に楽だったのもあった。山の上から見ると反対側に下りてもバスか電車を乗り継げば目的の駅に辿り着けるような気がして、Gは実行した。

ところが二時間ほど歩くと急にひと気が絶えた。前を行くグループを追っていたつもりなのだが、いつのまにか見失っていた。どこかの分岐で間違えたのか。戻ろうとしてショートカットを考え藪に突っ込んだ。ところが益々わからなくなった。

取り敢えず声のする方を探ったりもしたが、とても登山道とはいえないような場所に出てしまった。既にあたりは暗くなり始めている。

疲れと不安でパニックになりそうだった。

そんな時、下から水の音が聞こえた。川だと直感した。Gは川に沿って歩けば自然と町に戻れると思い、目前の藪を掻き分けるようにして斜面を下りだした。ポロシャツは枝で裂け、いくつも擦り傷ができたが必死だったので気にならなかった。

すると、まるでずっぽ抜けるように突然、藪が消え、宙に軀が浮いた。目の前に川原の石が飛び込んでくる。

勢い余ったGは川原を囲むようにあった崖から飛び出すような格好で落ちたのだ。

反射的に軀を捻り、右側から砂利に突っ込んだ。なにかがひしゃげる音が軀のなかでしたという。

起き上がると鋭い痛みが右肩に走った。そこは丁度、渓流が蛇行し、州になっているような場所で、携帯は圏外になってしまっていた。助けを呼ぼうと声を上げたが、そのうちに喉が潰れてしまった。

途方に暮れたGがあたりを見回すと、崖肌に汚れたテントがあった。なかを見るとゴミのようなものが溜まっていて苔臭く、生地もあちこち破れている。支柱にはどうにか支えられているものの長い間、放置されていたのは明らかだった。

野宿を覚悟したGはテントのなかのゴミを掻き出し、なんとか横になれるだけのスペースを作り、夜に備えることにした。

歩き回った疲れからGはいつのまにか寝入ってしまっていた。

肩の鈍い痛みと夏とは思えない寒気に襲われて目が覚めた。

携帯で確認をすると既に夜中の二時を回っている。もう少しで夜が明けるんだ。そう思うことで自分を元気づけた。

また、うつらうつらしていると不意に明るいものが目に入った。テントから外を見ると、少し離れたところに焚き火があった。

人がいる！　そう思うと彼はテントから這い出し、真っ暗で足場の悪い川原を焚き火に向かって進んだ。肩の痛みは酷く、一歩踏み出すごとに痺れとともにズキンと響く。すぐ側にあると思われた焚き火はなかなか近くにならない。

もう、どれだけ歩いただろう。そう思ったGは焚き火に向かって「おーい」と叫んでみた。が、応えはなかった。それでも歩くのをやめることはできなかった。暗闇のなかの焚き火だ。それを無視するのは、ひとりぼっちの人間には不可能だった。

やがてGは歩くごとに声を出した。しかし依然として反応はない。

気がつくとスニーカーがずくずくに濡れていた。見れば川のなかに膝の真ん中まで踏み込んでいる。焚き火を見ると、どう考えても〈川の上〉にあるとしか思えなかった。

ふと、いつも食べている炊きたての飯の詰まった茶碗が思い浮かんだ。

——戻ろう。

Gは焚き火を諦め、川から上がるとテントを目指した。肩をかばい歩く自分の後ろを、同じ歩調でついてくる何者かの気配があった。

テントに着いて改めて自分が驚くほど濡れているのに気づいた。決して転んだわけではないのに、胸のあたりまでも濡れていた。

横になって暫くすると、外にある人影に気づいた。それは川原の大きな石の上に座っていた。

既に人ではないとGは感じていた。

先ほどの気配といい、人なら真っ先に声をかけてくるはずだし、黙って自分を眺めていることはない。

それはなにかを喋っていた。最初は虫の羽音のようだったが、耳を澄ませると言葉になった。

――△●の伝票は来週で良いと云っていたから安心だ。でも×◎設備の案件だけは早めに手を回さないとササキ氏の動きが取れなくなってしまう。契約に――

Gは黙って聞いていた。が、やがて、人が困っているのになんの関係もない話をべらべら続けている存在に猛烈に腹が立ってきて、思わず叫んだ。

でも、死んじゃったんですもんねっ。

声がやんだ。Gはこの瞬間が一番怖かったと云う。

それはずっと座り続けていた。やがてあたりが明るくなってきた。

それでも、それはそこに居た。あらためて見るとそれは、抜け殻だった。

厚手のレインコートにカッターシャツ、デニムが人が着ていた形のまま石の上に載っている。まるで〈透明人間〉が座っているかのようだった。

汚れ果てて古木の洞《うろ》のようになったなかを覗くと、得体の知れない蟲が巣喰っていた。

無論、昨日テントを見つけた時にはなかったものだ。

後に社会人になった頃、その話を聞いた山好きが、それは死体が静かに食い散らかされた成れの果てで〈人殻〉と呼ばれて、たまにあるものだと云った。

床

Sさんが通っていた高校の体育館には変なものがあった。それは丁度、体育館の中央。また式典などがある時の教壇の正面にあたる床にある。

離れたところからだと丸いボールをぶつけた跡に見えるが、側に寄るともっと痕跡が鮮明であることに気づく。

一見してそれは〈顔〉であると誰にでもわかるほどハッキリしている。

何故、こんなところに顔の跡があるのかには諸説あった。歴史の古い高校でもあったので戦争で空襲時に逃げ遅れた人の無念が形になったのだとか、受験に失敗した志願者の無念であるとか、またはイジメに遭って自殺した学生の恨みであるとか、説明する人によって違うのである――しかし、不気味であることに違いはなかった。

事実、全校集会などではその周囲だけ失神者が多かった。それも普段から保健室の厄介になっているような常連組ではなく運動部の部長や全国大会クラスの選手までもが突然、大きな音を立てて倒れることがあった。

本人たちには直前まで兆候はなく、気づいていたら倒れていたと狐に摘まれたような顔をしている者も多かった。

Sさんが在学中にも一度、過去にも何度か床板を剝がす工事が行われたが、それでも暫くすると跡が浮かび上がった。業者は床下にある土壌からの湿気が原因なのだろうと説明したらしいが、勿論、それで十分に納得する者はなかった。

また失神者だけではなく怪我も頻発した。特にバスケとバレーボール、体操は深刻だった。バスケでは練習中の当たりによる骨折、バレーボールも捕球時のダイブによる怪我、ただでさえ怪我人の多かった体操部では誰も触っていないのに鉄棒が真ん中から折れてしまうことがあった。

故にそれぞれが〈顔〉に触れないように変則的な場の使い方をするようになった。〈顔〉を丸く囲むようにして使うのである。

ある時、新聞部の生徒が本格的に〈顔〉について調べたことがあった。すると意外にも〈顔〉の噂が始まったのは十数年前であることがわかった。

当時の教師が打ち明けた情報が最も信頼度が高く、それによると不良グループから執拗なイジメに遭っていた生徒による転落死亡事故が発端だというのである。

体育館の屋根には支えるように張られた弓形の梁がある。

一応、二階建ての仕組みにはなっているが、建物の形状が蒲鉾型であるので鉄骨の梁から床までの高さは優に三階以上になる。

イジメられていた生徒はその梁を端から端まで渡るよう強要され、結果、一番高い弓の背になっている部分から墜落したのだという。

新聞にも掲載されたが、どういう経緯があったのかイジメうんぬんには全く触れられておらず、単にふざけて登った生徒が誤って転落というくくりになっていた。

以来、〈顔〉が浮かぶようになったのだという。

Sさんは体育館の当番になったことがあった。

当時、体操部に所属していた彼女は同じ一年生同士で練習後、体育館の戸締まりをしなくてはならなかった。当番は体育館を使用する各クラブが一ヶ月ごとに持ち回りで行っていて、大抵は新入生が担当となった。

Sさんたち一年生は五人。全員で窓や引き戸の確認をする。そして最後に照明を消して職員室に鍵を返却するのである。

ある時、校門を出たところで、体育館に体操着の忘れ物をしたと仲間が云った。その子と同じ方向なのはSさんだけだった。校門で待っていてと彼女は云うと職員室に駆け出して行った。他のメンバーは先に帰って行った。

五分ほど待っていたが友だちが帰ってくる様子はなかった。見ればまだ体育館の照明が点いている。なかに入ったが友だちの姿はなかった。

Sさんは声をかけてみた。すると、はーい、と舞台下から返事が聞こえた。そこは用具倉庫にもなっていた。Sさんは、大丈夫？　とまた声をかけた。しかし、今度は返事の代わりにガタンとなにかが倒れるような大きな音がした。ハッとした瞬間、体育館の全照明が落ちた。用具倉庫を階段上から覗く形になっていたSさんは奈落のように暗い倉庫にそれ以上、進むことができなくなった。

大丈夫？　もう一度声をかける。と、その時、体育館の中を壁に沿って歩く人影が見えた。

用具倉庫の出入り口は舞台の下手と上手にある。向こう側から出たんだな。そう思ったSさんは声をかけながら近づいた。体育館のなかは窓明かりで仄明るい。

もう、びっくりさせないでよ！

壁に沿うように歩いている仲間の肩をいたずらで叩こうとして手が止まった。そして凍りついている彼女に向かい、相手が振り向いた。踏みつけられたトマトのようなものが肩から生えていた。Sさんを見つけたそれは手前に一歩踏み出した。

体育館の中央付近で、なにか大きなものが落ちてきて床にぶち当たる派手な音がした。

Sさんは悲鳴を上げると体育館を飛び出した。

校門までくると、忘れ物を取りに行ったはずの仲間が待っていた。Sさんの様子を見て驚いた彼女は体育館が開いているはずはないと云った。彼女は出入り口脇にあった体操着入れを摑むとすぐに施錠し、戻ってきたというのだ。

それでも開いていたと主張するSさんに仲間は鍵が開いていたら大変だからと一緒に

確認しに行こうと云った。

体育館までくると照明は消えており、施錠もされていた。

帰宅すると頬に血を指で掃いたような跡がついていた。

Sさんはクラブを辞めた。

見《み》晴《はらし》台《だい》

デジカメで撮った画像を整理していると、撮った憶えのないものが混じっていた。

撮ったものを忘れているということはあるかもしれないが、そうした場合には前後に関係のある写真があるはずである。が、学生だったIさんの見つけた一枚はまったく別だった。

彼と海に行った時の様子を撮った画像の間に、違う風景が写っていた。つまり、その写真だけが割り込むように侵入していたのだ。

Iさんはその写真を撮ったことはおろか、その風景にも全く見覚えがなかった。初めて見つけた時は不思議だと思いながらもすぐ削除してしまった。

が、それからも度々、同じことが起きる。割り込んでいる写真はいつも同じで、観光地と思しき見晴台からIさんと同じ年頃の女性が、柵から下を覗き込んでいるというものだった。拡大して見てみると、女性の服装などからかなり年代の古いものであるように見え、ますますわからなくなった。

友だちや彼に相談してみたが、みな首を傾げるばかりだった。故障かとショップに持ち込んだが、応対した女性従業員は理論的にありえませんね、と暗に彼女が冗談半分で持ちこんだのではと疑っている風であった。

また削除しようかと思ったが、なんとも気持ちが悪い。改めて詳しく調べて見ると、覗き込む女性の背後に白い立て札があり、そこに観光地名らしいものが見て取れる。

ネットで調べるとIさんの地元からさほど遠くない場所にある神社のようだった。画像で検索すると、まさしく女性が覗き込んでいた見晴台らしきものがあった。

彼もIさんの説明に大いに興味を惹かれたらしく、休講日に一緒に行こうと云ってくれた。

当日、ふたりは最寄り駅から神社を目指した。平日ということもあり参詣者はまばらだった。見晴台に向かう前に参道にある茶屋で休憩をした。暇だったためか女将らしい老婆がいろいろと話しかけてきて、汁粉《しるこ》をサービスしてくれた。

昼時をかなり過ぎた頃だったが、彼ら以外に人はいなかった。ふたりは画像を確認しながら撮影場所を特定した。そこから見ると、白い立て札は色褪《いろあ》せ、傾いていたが確かに存在した。

彼が記念に同じポーズで撮ってみようと云った。

絶壁に設けられた見晴台から覗くと眼下にあの茶屋がブロックほどの大きさに見える。

「撮るよ」彼の掛け声でIさんは、写真の女性と同じように下を覗き込んだ。

ガクリと手元が揺れた途端、柵が外れ、そのままIさんも放り出された。宙を浮いた瞬間、後ろで彼の叫びが聞こえた。

死んだ。そう思った。が、鋭い痛みで全身が包まれた。見ると宙づりになっていた。緑色の転落防止ネットが張ってあったのである。

騒ぎを聞いて駆けつけた神社の関係者がIさんを救出した。蒼白になった彼は、彼女が無事だったのを確認してからも小刻みに震えていた。

幸い怪我もなく、Iさんは神社に対し〈無事なので救急車の搬送は要りません〉という誓約書にサインしただけでことは済んだ。

休もうというので往きの茶屋に入った。女将の耳には既に入っていたようで、大変だったねえ、と再び汁粉をサービスしてくれた。浮かない顔で食べているとそっと近寄った女将が、あんた、誰かに恨まれてる？　と云った。

実はここにある神社は、恋敵を倒す呪詛を司る神様でもあったのだという。

昭和の末年ごろ、何故か見晴台から若い女の子ばかりが転落する事故が多発したのだという。そういった願掛けのせいではないかということで、受け付けることはしなくなったのだが、それでも稀に転落事故が起きる。それで神社側は苦肉の策として防護網を設けたのだという。

話を聞いてIさんはいっそう気持ちが落ち込んだ。

確かに彼は女の子に人気がある人だった。なぜ彼が自分を好きになってくれたか正直わからない。きっと酷く傷ついて怨んでいる人がいても当然だと思った。

そんな彼女を見て女将は、安心しなさい、と続けた。人を呪う者は相応の報いを受けるし、今日のことで呪いは相手に跳ね返ったはずだと。

礼を云うとふたりは駅に向かった。電車を待っているとIさんの母親から、ふたりの共通の友人であるヒトミが暴走車に跳ねられ意識不明の重体だと電話が入った。

Iさんは最後まで見舞いには行かなかった。

おてい

　Ｊ婆さんが小学校の頃、近所に目の不自由な子が引っ越してきた。名を〈おてい〉と云った。おていは工員をしている父親とふたり暮らしであった。

　普通ならば専門の学校に入れるのだろうが、彼女の父は〈聞かせてやるだけでかまわねえので〉と、おていをＪさんの普通クラスにねじ込んだ。

　おていはとても気の強い子だった。男子がふざけて着物の裾でもまくろうとすると、手にした杖で強《したた》かに打った。それも同時に二人三人で飛びかかっても叩きつけてしまう。それでも懲りないと今度は鳩尾《みぞおち》や喉仏のあたりを渾身の力で突くので、さしもの男子たちも怖気《おじけ》をふるい誰もイタズラをしなくなった。

　板書を書き写すことのできない、おていは授業中は凝《じ》っと耳を澄ませていた。Ｊさんは時折、おていの唇が先生の話に合わせて動いているのを見た。

おていは授業が終わるとそそくさと帰った。他の子供のように〈遊ぶ〉ということはしなかった。

ある日の夕暮れ、友だちと別れたJさんは後ろから名前を呼ばれた。

おていだった。

よくわかったねえ。そう云ったJさんに、おていは答えた。

あんたは様子が良いからすぐわかる。

様子？

そう心根から出る気配だね。

そうしておていは或る番地を口にし、そこへ連れて行ってくれないかと云った。実は家計を助けるため、放課後は近所の年寄りの肩もみをしているのだという。

連れ立って歩くうち、おていの母親は彼女を生んですぐに亡くなったこと、渡り職人の父親は定住できず全国を転々としていることなどをぽつぽつと話し続けた。

何度目かの角を曲がった折、おていが不意に立ち止まり、Jさんの手を引いた。

どうしたの？　と訊くと右手をゆっくり動かしてみなと云った。

云われたとおりにすると、掌になにか温かで柔らかいものが触れた。

それも連れて行こう。おていが云った。

どうするの？

手を握ってあげれば良いのさ。暫く握ってあげて相手をしてあげれば喜ぶ。

Ｊさんはとても頼りのない不確かなものを、手だけ握っている格好にしたままおていを案内した。

喜んでいたよ。

別れ際、おていの口元が笑った。

その夜、風呂に入ると手から花のような良い匂いがした。それは暫くＪさんの手に残っていた。

翌日から、放課後にＪさんはおていを引いて案内するのが楽しみになった。いつものことではないが、なにかの気配を感じるとおていは必ず「手を引いてやんな」と云った。

そして云われたとおりにすると手に花の香りが残った。

おていに、わたしはなにと手を繋いでいるの？　と訊くと、仏様だよ、との答えが返ってきた。

その頃、法事で親戚一同が集まることがあった。寺の本堂で住職の読経を聞いていると隣にいた母親が驚くほど、Ｊさんの全身から汗が噴き出して止まらない。しかも右手がじんじんと痛んでくる。堪らなくなって泣き出すと、Ｊさんを見た住職が〈これはいけない〉と顔色を変えた。

医者を呼んで貰い、別室で横になっているＪさんに住職が〈変なものに触ってないか？〉と訊ねた。Ｊさんの心当たりにあるのはおていのことである。

ありのままに話すと、その子は本人が気づかぬうちに狐狸悪霊に憑かれているのかもしれんと住職は云い、お供えの水を小僧さんに運ばせると、それに筆をひたし、Ｊさんの顔にすらすらと走らせた。

翌日は医者の勧めもあって学校を欠席したＪさんが夕方、家の前で近所の猫を触っているとワッと後ろから脅かしつけてきた者があった。

驚いたＪさんが振り返った途端、その者が彼女の顔を見るや否や身の毛もよだつ悲鳴を上げ、その場で腰を抜かしてしまった。

——おていであった。盲《めしい》た白眼を眦《まなじり》の裂けんばかりに見開き、失禁していた。

更にJさんを驚かせたのは、おていが男だったことである。割った着物の裾から覗いているのは紛れもない朝顔のつぼみだった。

暫くして、おていは父親と一緒に町から姿を消した。

最後に見た者の話では、おていは、すっかり呆け散らかしてしまった有様で父が別れの挨拶をしている際も股間に手を入れ、ギュウギュウとちんちんの皮を伸ばしてばかりいたという。

ココナッツ

ココナッツをカビさせたような臭いなんです。

看護師になって四年目ぐらいのこと。Kさんは末期癌の患者さんと接していて〈臭い〉を感じた。始めは見舞い品が痛んでいるのかなと思ったのだが、その患者は身寄りも少なく、そうしたものが置かれている様子はなかった。念のために確認もしたが私物を入れる抽斗には老眼鏡と財布が入っているだけだった。同僚にも〈あの痛んだココナッツの臭い、なにかしら〉と訊ねてみたが、誰もそんなものは臭わなかったという。

病院は色々な臭いの巣窟でもある。痛んだココナッツ以外にも膿や便、血や汗の臭いのすることは日常茶飯事だ。そうしたなかでは寧《むし》ろ、痛んだココナッツ程度の臭いはマシなほうなのだが、何故か酷く気になった。

当時、彼女は結婚したばかりでそれまで住んでいた病院の寮から出て、通勤に三十分ほどかかる場所に住んでいた。ある時、電車に乗ったところでプンッとあの臭いがした。反射的に周囲を見回すと、少し離れた座席に顔色の悪い男が俯《うつむ》いて座っていた。

——あの人だ、と思った。

年は六十前。もう既にかなり悪いのだろう、肩を使って息をしている。髪は薄く、肌は胡瓜《きゆうり》の種のような色である。頑張って下さい。Kさんは心の中でそう祈った。

それからまた忙しい日々が続いた。梅雨に入り、ジメジメした通勤電車に乗っていると、またあの臭いがした。元を辿ると、俯いて辛そうに肩で息をしている人がいる。前回と同じ男だった。あれから三ヶ月ほどが経っていた。仕事先に行く様子だが、大丈夫なんだろうか、ちゃんと治療は受けているんだろうか……Kさんは気になった。顔色は前回にも増して悪く、皮膚はゴムを貼り付けたよう、目の縁が赤く腫れている。電車が揺れるのに合わせ、頭がぐらりぐらりと揺れていた。

彼女の目には男が気絶寸前のようにも思われた。

彼女は自分の降車駅が近づくにつれ、相手の容態を近くで確認したいという気持ちが強くなった。確認したからといってなにもできないが、少なくとも自分は納得できる。駅に着き乗降《のりおり》で車内の人の流れが動く度、彼女は少しずつ男に近づいた。

あのココナッツの臭いが次第に強くなってくる。

扉ふたつ分ほど離れている場所からひとつ分へ、更に距離を縮めた。次が自分の降りる駅だという頃、Kさんは男の前に辿り着いた。辛そうな顔、依然として肩で息をしている。背広は長い間、洗濯もしていないのか汚れや染みがいくつも浮いていた。

どこの病院にかかっているのだろう、このあたりの総合病院だとうちになるのだけれど。

そう思った時、彼女は男の手元が変なのに気づいた。袖から見える掌が白すぎた。肌色の悪さだと思い込んでいたが、そこには扇子を細く拡げたような骨が覗いていた。

ハッとした途端、男が顔を上げた。見開かれた目に意識らしいものは存在せず、なにも映してはいない。完全に死んだ人のものだった。

愕然としている彼女の前で男の顔がぶれた。まるで映りの悪いモニターが調子を戻す時のように視界が揺れた。

気づくと男の姿はなく、六十前後の老婆がうたた寝をしているだけだった。

後日、先輩の看護師と呑む機会があった時、Kさんはその体験を打ち明けた。

先輩は、みんななにかあるよ。あたしも空のベッドの上で死んだはずの子供がジャンプしているのを何回か見たから、と告げた。

でも仕事を続けたいのならあまり深追いしては駄目よ。そういうものなんだって受け流しておかないと、どんどん近づいてきて部屋に上がってくるよ。

そう付け加えた。

以来、Kさんは痛んだココナッツの臭いがしても、そっと無視しておくことにしている。

顔

Lさんの中学校では化学や生物の実験の際、生徒が準備室から備品を運んで用意することになっていた。

戦前からあるというその中学校の準備室は広く、部屋の壁に沿った棚には標本がずらりと並んでいた。直射日光を避けるため、準備室のカーテンは厚く、部屋の中はいつも薄暗い。当然、そこにはなにかが出るという噂が立った。

生き物や人体に興味のあったLさんは、準備室の標本を眺めるのが好きだった。

勿論、用もなく立ち入ることはできないので、実験の準備がある日は教師から早めに鍵を受け取り、同級生がやってくるまで、ひとり標本を眺めていた。

瓶詰めの標本はいずれも白っぽく煤《すす》けていて、紙ラベルは変色して読めなかった。

全部で二十個あった。

ビンの大きさは魔法瓶ほどからジャムの瓶ぐらいと様々だった。

中身は焼く前のパン種を捏《こ》ねたようなもの、鼠、猫の胎児、牛と馬の眼球、モヤシや昆布に似た寄生虫、人の鼻、無理矢理にこじ開けた下顎、それと脳があった。脳の標本のひとつは丸ごとひとり分が詰まっていたが、もうひとつはスライスされているものだった。

両方ともラベルに名前が書いてあるのだが経年劣化が酷く、全く読むことができない。

ある時、Lさんは脳と鼻と眼と顎の標本を〈顔〉のように並べてみようと思った。

はっきりした意図があったわけではなかった。それぞれを眺めているうち、ふとそうしてみたらどうなるだろうという好奇心が湧いただけだった。

さっそくLさんは一番上の棚に脳、その下に牛と馬の目、その下に鼻、その下に顎と間隔を考えながら置いてみた。棚から離れた場所から見ると奇妙な〈顔〉ができあがった。壁を背景にしたそれは思った以上に大きく恐ろしいようでもあり、また酷く滑稽でもあった。

以来、Lさんは準備をすることになるたび、元の位置に直されている標本を新たに並べ換えて〈顔〉にしていた。

ある時、母が、あんた大丈夫？　と心配そうな声を出した。

なに？　と問い返すと、食べ過ぎよと云う。聞くと、もうお代わりを三杯はしているのだという。全く憶えのなかったLさんは驚いたが、確かに最近、腹が減って仕方がない。それに以前は口にできなかったピーマンやセロリも、平気で食べるようになっていた。母は女の子なんだから気をつけないと肥るわよと皮肉めいた。

が、それからもLさんは食べた。

不思議なことにいくら食べても満腹にならないのだ。学校の近くにできた店で、大きなすり鉢に十人前のラーメンを三十分で食べたらタダというチャレンジメニューなるものがあった。彼女は挑戦し、見事に平らげてしまった。

これを機に、大盛り無料になる店があると電車を使ってでも出かけるようになった。

三ヶ月も経つ頃には体重が二十キロ以上も増えていた。持っていた服は当然すべて入らなくなったので、見映えよりも着られるかどうかが軸になった。自転車はすぐにパンクするようになり、こづかいは登下校中の外食に回すため他のものは買えない。靴もすべて履けなくなった。

悲鳴を上げたのは母だった。親子三人だけなのに一ヶ月に米を六十キロも買わなくてはならなくなり、ついに勤めていたパートを辞め、米が安く買える生協に転職した。

唐揚げでも餃子でもハンバーグでも、大皿の山盛りにしなくては我慢ができなかった。

それでもLさんは気にならなかった。友だちも心配し、教師も冗談めかしてLのようになっては駄目だと云い、雪だるまならぬ〈脂だるま〉という仇名がついた。

腕も足も顔も別人のように膨張し、久しぶりに会った伯母はLさんが誰だかわからなくなっていた。母は病院に一度行こうと泣いた。それでもLさんは気にならなかった。

その頃になると腹が減るという感じではなく、世間という煎餅を端からガリガリと喰い尽くしていきたいという思いにかられていた。軀は倍も大きくなっていた。

そんなある夜、夢を見た。

準備室で、元の位置に戻されている標本をまたも〈顔〉になるよう並べ直している。

すると大事にしていた子犬が突然現れ、棚の〈顔〉に向かって猛烈に吠え始めるのでである。そのチワワは中学入学を祝って父がプレゼントしてくれたもので、Lさんは肥ってからも以前と変わらずに可愛がっていたし犬も懐いていた。そんな普段は滅多に怒るはずのないチワワが牙を剝き出し、全身を怒りに震わせて棚に吠えかかかる。

夢の中でLさんは宥《なだ》めようと近づくが、チワワは右に左に逃げ回り、吠え立てる。

やがてLさんの腕をすり抜けると棚に飛びかかるや否や、ぐらりと揺れた棚がチワワを下敷きにしてしまった。

Lさんは夢のなかで大声を上げ、実際に自分の発した叫びで目が覚めた。

時刻はまだ深夜。動悸が治まらず、Lさんはチワワの様子を見にベッドを出て居間へと行った。

どこにもいない。家中の電気を点け、チワワの名前を呼び、いないいないとLさんは泣きながら探した。様子を心配した両親も起き出してきた。

すると母がアッと悲鳴を上げかけ、ごくりとそれを呑み込んだ。なに？　と訊ねると青褪めた母はLさんの膨らんだパジャマの背中を指差した。彼女の背に潰れたチワワが貼り付いていたのである。

どうしていつも居間のクッションに居るはずのチワワがLさんのベッドにきて、更にパジャマの内側に潜り込んだのか。いくら考えてもわからなかったが、Lさんのショックは大きかった。しかし――本当の原因がなにか、わかったような気がした。

以来、Lさんは準備室での〈顔〉の遊びをやめた。

すると途端に、あれほどの食欲が嘘のように減り始めた。

二年生になる頃、すっかり元に戻った彼女は、ふと気になっていたことを化学の担任に訊ねた。

あの棚の標本は、いつも誰が管理していたんですか？　と。

定年近いその教師は、あんな汚いもの、誰も触る人はいないよと告げた。

それじゃあ毎回、わたしが並べた顔を元の位置に戻していたのは誰だったんでしょうね、とLさんはいまでも首を傾げている。

芋

Mは大学時代、全国各地にある〈波の良い場所〉を巡っては、サーフィンに明け暮れていた。

ある年、離島に行った時のこと。いつもなら楽に乗れるはずの波が、なかなかキャッチできない。何度、挑戦しても板が波から弾かれるように引っ繰り返ってしまう。

どうしたんだろう。そこそこ自信を持っていただけにMの落胆は大きかった。

朝から夕暮れまで食べるのもそこそこにトライするが、一本も満足な出来にならなかった。そうこうするうち明日は帰らなければならなくなってしまった。

そんな時、浜辺にやってきた自転車のアイス売りの親父に声をかけられた。

訛りが強くてなにを云っているのかよく聞き取れなかったが〈なにかした方が良い〉

と云っていた。

なにをすればいいんですか？　Mは訊ねた。

すると側にいた地元の女の子が説明してくれた。
◎×が憑いているから、芋を塗りなさいと云ってますよ。
いも？　あの食べる芋ですか？　Mの問いに親父はそうだと強く頷いた。

飢えているから、欲しがるのだ。ボードに塗りなさい、とも云った。

なぜ芋をサーフボードに塗らなければならないのか意味がわからなかったし、正直そんなダサいことはしたくなかった。

Mはアイス屋の親父の言葉は無視して、満月だったのを幸いにその夜に、再び海に向かった。が、やはり駄目だった。すべてが駄目ではなかったのだが、八本に一本しか乗ることができない。難しい波ではなかった。むしろ日本海側のほうが厳しかったし、Mは自分には軽く乗りこなせたと思う。

なんでだよ！　これはできたと思った波から落ちた時、Mは怒鳴った。そして次はじっくり待とうと考えた。焦って何発も不発を味わうより、絶対にイケると思った波を選んでチャレンジしたほうがマシだ。

Mはボードに摑まりながら波を待った。一本、二本、あれはイケたかもしれないと思う波が目の前を過ぎる。それでも焦るな焦るなと自分に言い聞かせて待つこと小一時間。遂にこれだという波がくる気配がした。

これしかない！ そう決意したMはパドリングを始め、波に向かった。そして波が立ち上がった瞬間、ボードの上に立ち、バランスを取りながら滑空した。

やった！ スランプを抜けたぞ！ 久々の空気を切る爽快感に笑みが溢れたその瞬間、ボードの脇に妙なものを見つけた。

指が並んでいた。それもひとつやふたつではなくズラリと。

それが一斉にグイッとボードを持ち上げると、Mはものの見事に波間に吹っ飛んだ。そして、そのまま波に巻かれると上下がわからなくなり、意識を失った。

気がつくと浜に倒れていた。ボードも近くに打ち上げられていた。

疲労困憊で宿に着いたMは玄関で老婆に出逢った。こんな時間に波乗りかと目を丸くした老婆に、乗れてはないですと暗く答えると、彼女は懐から芋を出しボードに塗れと云った。

わけがわからなかったが既に意気消沈していたのと早朝で他の宿泊客に見られる怖れがないこともあって、云われるがままボードに芋を擂り潰すようにして塗った。

それでいいよ。と老婆は笑った。あんたがいつもボードを置いておく小屋は昔、◎×の通り道だったから憑いたんだ。あたしが宿をしていた時は、あそこに人は入らせなかったけれどね、と老婆は去った。

Mは軽く仮眠をしただけで再び、海に出た。

そして波に向かうと、今度は驚くほどスムーズに乗ることができた。

やった！　そう思った途端、ボードが大きく弾み、再び海中に転落した。

なんだよ！　まったくもう！　そう叫びながら顔を上げると、ボードだけがゆらゆらと沖に流されていくのが見える。足に繋いでいたはずのコードが切れてしまっていた。

ボードは高いものだった。それこそ何ヶ月もかかって貯めた金で買ったものなのだ。

Mはボードを追った。芋を塗ったのに、芋を塗ったのにと思いながら追った。が、ボードはぐいぐいとまるでなにかに引っ張られるかのように沖に進んでしまい、しまいには見えなくなってしまった。

　泣きたいような気持ちで諦めたMは宿に着くと老婆に、芋を塗ったけど駄目だったと怒鳴るように云った。

　ボードで済んだだろ、死ぬよりましざね、死神消えたもの、と笑われた。

いぬの日

Nさんの地区では昔、飼えなくなった犬は〈いぬの日〉に、ゴミ収集場の檻のなかに繋いでおくと、そのまま殺処分場に運んで殺してくれるという行政サービスがあった。

夜中にトイレに起きたNさんが、ふと窓から収集所のほうを見るとボウッと明るく光っていた。もしかしたら放火かもしれない。その頃、夜間に出したゴミに火を点けるというイタズラが頻出していたのだ。

Nさんは両親の部屋に行き、そのことを告げようとしたが疲れたイビキが聞こえてくるので起こすのをやめ、ひとりで見に行くことにした。

サンダルを突っかけ、そっと玄関を出て収集所のある裏手に回ると、道を隔てた向うが確かに明るくなっていた。収集場は普通の物置ほどの大きさの鉄の檻である。

前には田んぼが広がっている。

その檻のなかが光っている。が、放火とは色が違っていた。火の色ではなく、もっと白っぽく、青い光だったという。光はただ一ヵ所に留まっているのではなく、檻のなかをあちこち移動していた。

それはまるで檻に繋がれ、殺処分行きを待つ犬のようだった。


小学生になったばかりの頃、なにも知らないNさんは檻の犬に家から持ち出したお菓子を与えたことがあった。それは大型の老犬で病気なのか歳のせいなのか目は膿で汚れ、毛もあちこちが抜け落ち、肋《あばら》が浮いていた。

檻の隙間から手を伸ばすと寝そべっていた犬は大儀そうに起き上がり、彼女の手からお菓子を食べた。手に触れた舌がとても温かかった。犬は三日ほどいた。普通なら当日の朝、人に見られないように飼い主が捨てにくるのだが、どういうわけかその犬は引き取りの数日前に捨てられた。

Nさんは水を入れたコップとお菓子を運んだ。老犬は彼女が近づくと立って待つようになった。三日目は土砂降りだった。それでも彼女は運んだ。すると老犬は黙ってそれを眺めるだけで食べようとはしなかった。声をかけても顔を向けるだけで立とうとはしない。立つ気力もないのか、尻尾を左右に振るだけである。

彼女はコップとお菓子を檻の端に置くと帰ろうとした。すると老犬が首を縦に振った。うんうんと頷くようだった。

いままで見たことのない動作だったので、どうしたの？　彼女は声を出した。

老犬はうんうんと頷き続け、そしてまた元のように寝そべった。

またね、そう声をかけて彼女は家に戻った。檻が見えなくなるあたりまできた時、老犬がおんおんと吠えた。少し戻ってみると檻のなかで立った犬が彼女に向かって首を縦に揺らしていた。

学校から帰ると檻は空っぽになっていた。コップが隅に転がっていた。

その夜、彼女は熱を出し、二日ほど寝込んだ。

目の前で左右に揺れる光を見ていると、それがふっと檻を離れ、通りを移動した。

Nさんは光が地区の端にある家に入っていくのを見た。

朝食の時、彼女は光の話をした。町会長でもあるNさんのお父さんはちょっと不審な表情になった。夕方、学校から戻ると母親が、あんた、朝の話は誰にもしてはいけないよと云った。わけを訊くと、首吊りがあったのだという。

Nさんの話を聞いて、光が入っていった家を知り合いと共に訪ねたお父さんは、軒にぶら下がっている主を発見した。数年前に奥さんを亡くした男性で、子供たちはみな都会に出ていてあまり戻ってきていないようだった。

そこの主は妻が死んだ後、犬を〈いぬの日〉に捨てていた。〈ご迷惑を掛けます〉と、カレンダーの裏紙にマジックで書かれた紙が卓袱台に置かれていた。死後、三日ほど経っていたという。

野ざらしになった飼い主を心配した犬があんたに見せたのよ。あんたには犬が憑いてるから、と母は云った。

以来、彼女以外にも檻のなかに光るものを見たという人や檻の前に屈んでいる人影を見たという者が続出し、ゴミ集積場は移転され、その際に〈いぬの日〉も撤廃された。

いまでも檻のあった場所は、散歩中の犬が猛烈に吠えたり、怯えて逃げるように駆け出したりして近寄ろうとはしない。

そのお陰かどうかしらないが、安心して寝そべる、野良猫のたまり場となっている。

本

Oさんが高校の頃、怪談本のブームがきた。受験でくさくさしていた心には少し刺戟の強い怪談本を読むのは良い気分転換になったという。

ところがある夜、思いがけず怖い話を読んでしまった。

Oさんは夜型だ。友だちのなかには早めに寝、朝起きて勉強に集中させる朝型の子もいたが、Oさんは深夜ラジオを流しながら参考書に向かうスタイルを続けていた。

そして少し難しい問題にぶつかったり、集中力が途切れてくると怪談本で気分転換をし、またそこから勉強を続けるのが習慣になっていた。

その怖い話はOさんのトラウマに触れた。田舎の墓場にまつわる話だったのだが彼女自身、近しい経験をしたことがあった。

話では、深夜に目覚めるのがいつも墓地のなかで、決まって手首に引きずられたような痣が残っているというものだったが、かつて親戚の家に泊まった際、裏の墓で目覚めた経験を持つ彼女には、その怪談は身に迫った。

いまでもあの時の敷石の冷たさや、目を覚ます直前まで夢とうつつのなかを彷徨《さまよ》う空気感を忘れていなかった。墓で気づいた時の恐怖は、昼間に思い出しても叫び出したいほど怖ろしいものだった。

あの夜、彼女は泣き出しそうになるのを堪えながら母屋に戻り、なにごとも無かったかのように布団に潜り込んだ。その話は親にも誰にも話してはいない。

厭な話……Oさんは本を置くと、そこから先、また勉強を続けるのが怖くなった。

今日はこの辺でよそう、そう思いベッドに潜り込んだ。

ふと目が覚めた。まだ窓の外は暗く、室内がぼんやりと明るいのみだった。

え？　と思った。Oさんは眠る時、部屋の明かりはすべて消すのが常だったからだ。

それが仄《ほの》明るい。ヘッドライトでも差し込んでいるのかと思ったが、窓は暗いのである。

見るとこちらに背を向け、誰かが彼女の机の椅子に座っていた。

見覚えがあった、自分だった。

勉強をしている様《さま》なのか、前屈みになり右手を動かしている。

それがあまりに生々しかったので怖いというよりも、おかしい、間違っているという気持ちのほうが強くあった。

彼女はベッドから出ると机に向かった。彼女に気づかぬ机の前の彼女は、一心に置きっ放しにしていたノートと参考書に向かっている。

これはいったいなんなの……。

混乱しつつ肩に触れようとして、ベッドが目に入る。そこには寝ている自分が居た。彼女は薄目を開けて彼女を見ていた。振り返れば机にはまだ彼女が向かっている。彼女は机とベッドにいる自分自身に挟まれていた。

立ち竦《すく》んでいると、机の彼女が椅子ごと振り返った。その顔は、部屋の気配を窺《うかが》うように天井の一点を見つめ、耳を澄ませるのがわかる。

ベッドの彼女は顔だけこちらを向くと、息を殺して自分と椅子の彼女を凝視している。

すると目の前で椅子に座る彼女が、机の上のノートに目線を戻した。彼女は机に向かう彼女に近づくと肩を摑んだ。驚くほどしっかりとした感触があった。

げげえぃ！　という短い叫びが思いがけないほうから聞こえた。

部屋のドアが薄く開き、その隙間から四人目の彼女が顔を突き出し叫んでいた。

その顔は焦《じ》れた虎が掻き混ぜたようにズタズタだった。頰に大きく開いた穴から柘榴《ざくろ》の種のように歯が見えた。

悲鳴を上げると、ベッドに寝ている自分に気づいた。激しい鼓動が夢でなかったことを教えていた。部屋はいつものように暗かったが、その時だけは明るくして寝た。

以来、勉強をしていると肩を摑まれるようになった。特に集中している時が多かった。力を込めるわけではなく、やんわりとそれの掌《てのひら》を押し付けてくるような感じだった。振り返るがなにかが居たということはなかった。勿論、あのズタズタの顔が覗くわけでもない。ただ、やんわりと生温かく触れられるのである。

あの怪談本は捨てた。

トン

大学受験を控えたPさんが通っていたのは地元でも有名な進学塾で歴史は古く、その頃でも既に三十年以上は続いていた。駅から歩いて五分ほどのところにある教室は、五階建てのビルになっていて高校・大学までの受験生を対象としていた。

教室はS、A1、A2、B、基礎と五つの能力別クラスに振り分けられ、各月末に行われる試験の成績で入れ替えられるのだが、凄まじいのは教室の席までもが成績順だということだ。

教室内の席替えは毎週末に行われるテストで決まった。

成績優秀者は教壇前に移動し、最も優秀な者は右最前列の入口側におり、やがては隣の上級クラスへと替わっていくのが常であった。

Ｐさんの家は父親が工場勤めをし、母はパートをしていた。裕福な家の友人は高校一年の春から塾通いをしていたが、彼女は二年の夏期講習からの参加だった。

大学へは行きたかったが公立以外の選択肢はなく、下に三つ年の離れた弟のいるＰ家にとって浪人などとてもできない話だった。

幸いにも三年になってトップのＳクラスに移動することができた。勿論、Ｓとはいえその席順は最後尾。油断すればすぐ転落必至の席だが、それでも嬉しかった。

ここの教室はどこも同じ造りだが、Ｓクラスの教室はひとつだけ違う点があった。黒板の向きが逆なのである。つまり、隣のＡクラスと黒板のある壁に向かって座ると、壁を隔ててお互いが向かい合うようになる。Ａクラスの生徒の座席位置から見れば、目の前には自分たちの上にいるＳクラスの人間たちが座っていることになる。

だからといって別に問題もないので、敢えてそれを口にする者はなかった。

実際、毎授業ごとに出される膨大な宿題を消化するのに必死で、他のことを考える余裕すらなかった。

ある土曜、席順を決めるテストを受けている最中に頭頂を〈トン〉と叩かれた。

なにか注意されたのかと顔を上げると講師は熱心に板書をしている。あたりを見回しても全員が全員、机に齧りついている。気のせいかとPさんは試験を再開した。

が、〈トン〉はその後も度々、起きるようになった。

叩かれるのは決まって頭頂か肩で、集中している時ほどやられる。——誰かのイタズラだとPさんは無視することにした。

しかし、授業の休憩中に敷いたタオルに顔を埋めて疲れた頭を休ませていた時のこと。空いた指先で机の天板の裏を無心で触れていたら、妙な瑕《きず》があった。何気なく辿るとやたら長く深い凹《へこ》みであり、その線は一本ではないようだった。

塾の机は昔の中学校にあるような脚がパイプで天板のその下に物入れがついたもので、Pさんもそこへ筆箱や参考書、携帯などをしまっていた。物を取り出して覗き込んだが、暗くてよくわからない。こんなことが気になるなんてちょっとイライラしすぎかも、そうPさんは思って溜息をついた。

やがて〈トン〉が頻繁になった。もしかすると彼女がことさら気にするようになったのかもしれないが、テスト中だけではなく授業中もふいに〈トン〉とやられる。

その度に犯人を見つけようと周囲を睨《ね》め回すが、自分以外に顔を上げている、もしくは取り澄まそうとする者はなかった。不審げにこちらを見る講師と目が合うこともしばしばだった。他の誰かがやったのなら当然、注意を受けるタイミングだった。

成績が下がる——そういう予感が慄然と立ち上がった。だからといって無視はできない。無視しようとすればするほど毒蟲《どくむし》の痒みのように逆に強く意識され、勉強の妨げになる。ここは〈トン〉の正体を見極めるほかなかった。

かといって術はない。相手は不意を突いてくる。しかし、〈トン〉は自分がSクラスに移動してから起きるようになったのだ。変化はなんだ？　そこまで思い至った時、Pさんは机の瑕を何故か思い出した。

休憩時間になるとPさんは瑕を指の腹で丹念に調べた。覗き込むには奥すぎてわからないからだ。やがて彼女は策を思いついた。

塾に自習を申請し、半紙と芯の柔らかい鉛筆を持っていつもより早く教室に入った。彼女は天板裏を手さぐりながら半紙を丁寧にテープで貼ると、上から鉛筆で擦りはじめた。こうすれば表面の凸凹《でこぼこ》が半紙に転写される。

剝がして取り出した半紙には、蛇がのたうつような乱れた線が縦横にあった。わけがわからない。ふと、半紙の裏表をひっくり返してみた。Pさんは絶句した。そこには文字が浮かんでいた。

〈くやしい〉という文字が大小あちこちに彫り殴られたなか、他に一文〈しんでころしつづける〉と真ん中に大きくあった。

〈トン〉

その瞬間、肩と頭を同時に踏まれた。それは、いままでにない強い感触であった。

見上げると、目の前に色の薄い靴先があった。

反射的に飛び退き、尻餅をついてしまった。

仄暗い照明のなか、天井のあたりに靄《もや》のようなものが渦巻いていた。

体勢を直そうとPさんは片手で自分を支えた。その時、無意識に顔が窓を向いた。

げぇ、と自分の喉が鳴った。窓の外は真っ暗で故に教室内を映し出していた。

人がぶら下がっている——自分と同じような制服を着た人間たちが両手をダラリと下げ、首を前に深く折るように曲げて、浮いていた。

Pさんは帰宅し、その日は初めて塾を休んだ。

鞄の中の半紙を見つけた母親はPさんの話に仰天し、塾を変えると云ったがPさんは頑として撥ねつけた。授業は身になっているし、あの席のあの机が原因なのははっきりしている。自分が成績を上げて前のほうの机に替わればいいのだと主張し、事実その通りになった。

彼女は受験までにSクラスの上位三分の一をキープし、希望の大学に進学できた。

Pさんの結納の前夜、そのことを思い出して、両親と話をした。あの机のお蔭で頑張ったからいまがあるのかなぁと。

父が〈あの塾は、昔は酷いスパルタで成績不良者には鉄拳制裁が当たり前だったし、学業不振を苦に教室で首吊りしたのも多かったからなあ〉と云った。

今はPさんの息子が通っている。

浮子《うきこ》

たぶん物乞《ものご》いの子だったんだろう、とQさんは話してくれた。

彼が集団就職で上京するずっと以前、田舎の小学校に通っていた頃。町外れの神社に〈たろう〉はやってきた。

しかし、たろうと出逢ったのは野原で仲間たちと鬼ごっこをしている時だった。たろうは見たこともない格好をしていた。白い襤褸布《ぼろぬの》を軀に巻き、それを荒縄で縛り、草鞋《ぞうり》のようなものを履いていた。

昭和の中頃とはいえ、漫画に出てくるような姿にQさんたちは驚いた。

たろうは人見知りすることなく仲間に入れてくれと云ってきた。

面食らったQさんたちだったが、たろうの屈託のなさにすぐ仲良くなった。特に母親が小さな駄菓子屋をしていたQさんとは妙にウマがあった。

肋《あばら》が浮くほど痩せてガリガリなのに頭だけが大きなマッチ棒のようなたろうに、Qさんは店からこっそり持ち出したヨーグルや黄粉飴などをよく渡してやった。

たろうは取り立てて運動神経が良いわけでも頭が良いわけでもなかったが、奇妙なお化けの話を知っており、Qさんと仲間は放課後、それを聞くのを楽しみにしていた。

駄菓子はたろうへのギャラでもあったと、Qさんは懐かしそうに目を細めた。

たろうは遠い町の話や山の話、奇妙な生き物の話などを聞かせた。口ぶりは子供なのだが時折、どきんとするほど大人びたことも云う。例えば、金のないのは首のないのと同じだとか、ひとり殺せば犯罪者だけど百万人殺せば英雄などは、たろうから憶えた台詞だった。

たろうは学校には通わなかった。父親とふたり暮らしで旅をうっているので（この旅することを、うつというのもたろうの独特な表現だった）、そうしたものとは無縁なのだそうだ。

たろうは、自分は父親と神社のあたりに住んでいると云った。が、そこは昼間でも寂しい場所で宮司は隣町にいて祭事の時にだけ顔を出し、普段は町の禰宜《ねぎ》が細々と管理をするだけになっていた。そんなところに父子で果たしてちゃんと住んでいられるとは、子供ながらにQさんも信じられなかった。

たろうがやってきてひと月もすると、ひとつの騒ぎが起きた。

空き巣をしていた乞食が逮捕されたのである——たろうの父親であった。小さな田舎町では余所者の起こした事件は地震なみに広まる。

Qさんは神社に行ってみたが、たろうの姿はなかった。たぶん父親と一緒に警察に連れられて行ってしまったんだろうと思った。

Qさんの親たちは、たろうを〈泥棒の子〉と呼び、遊ぶのを禁止した。親が禁止しても、当のたろうがいないのだから意味はないのだが、親たちは云うことで安心するようだった。

そんな折、Qさんが神社を通ると口笛がした。見ると階段のところで、たろうが手を振っている。近寄ると、なんか親父がしくじっちまったよ、とたろうは苦笑いした。

そして面白いのを見せてやるよ、と誰もいない神社の境内にQさんを誘うと「阿《あ》」「吽《うん》」

の狛犬像の真ん中あたりに立った。
見てろよ、そう云って、たろうは両腕をまっすぐ水平に伸ばした。
なにも起こらなかった。なんだなにも起きないじゃないか。おまえも嘘つきだな、と
Qさんが云うと、たろうは哀しそうに、オマエまでそんなこと云うなよと、もう一度、
腕を伸ばした。
だがなにも起こらない。
おれ帰るよ、本当はおまえと遊んじゃいけないことになってるんだ。
Qさんの言葉を聞いたたろうは、そうだよなと頷いた。
そして遠くの山に向かって「おーい」と叫んだ。町では山に向かって声を出すといけ
ないと教えられていた。うるさくすると山の神さまが怒って魂を抜かれるというのだ。
なにやってんだよ、と云うQさんを無視して、たろうは叫び続けた。
すると、あっ！　良いかも、と自分の足元を見て云った。
なにが？
ほらわかるべ？

わかんないよ。

ほら、Qちゃんの影とちょっと違うべ。

云われてみるとたろうの足元の影が短い。いまは夕方なのでQさんの影は遠く伸びている。しかし、たろうの影はその半分ほどである。

あ、良かった良かった。やっぱりまだ早かったんだな。

たろうは安心しきったように云い、山に向かって声を上げ続けた。

すると上げる度に、たろうの足元にまるで穴が開いているかのように影が吸い込まれていく。

なんの手品だ？

いいんだよ、いいんだよ。おまえはいつもおれに菓子をくれてたから見せてやりたかったんだ。

影がすっかり呑み込まれると、たろうは腕を伸ばし最前の格好になった。そして、うんっと力んだ。するとほんの少したろうの軀が浮き上がった。

え？　なにこれ！　Qさんが覗き込むと、確かにたろうの足と地面の隙間から向こうの景色が見えた。やがて、はぁぁと息を吐くとたろうの軀はストンと地べたに落ちた。浮いたといってもほんの少し、子供の拳骨ひとつ分ぐらいだ。

すごいなあ、おれもやりたい、と云うと、たろうは、おまえはまだ駄目だ、と云いそして、そのうちできる、とも云った。

Qさんはたろうの格好を真似て力んでみた。そして山に向かって「おーい」と叫んだ。これで良いんでしょ？　と振り返ると、たろうは消えていた。秋の風だけがすっかり暮れた寂しい境内に吹いていているだけだった。

たろうの死体が神社の床から見つかったのは二日後だった。

死因は骨折性ショック死。

父親の件で追い回されたか、なにかで道に飛び出したところを車に跳ねられたんだろうという話だった。

病院に行くこともできず、父親と一緒にいた神社の縁の下へ戻って死んだんだ、まるで野良猫ですなと先生も云った。死後五日ほど経っていたそうだ。

高校生ぐらいまでは、たまに大声上げて空に浮かないか試したりしたよ、特にムシャクシャした時には良い気分転換になった。

Qさんはそう云った。

空

　Rさんは飛行機が苦手だった。生まれつき耳の管が細い彼女は気圧の変化に弱く、搭乗する時には必ず気圧対応した耳栓をしなくてはならなかった。

　それでも場合によっては役に立たず、鼓膜に錐《きり》をねじ込まれるような痛みに耐えなくてはならない。飛行機は低いところから高いところへ昇り、その後また低いところへ降りる。つまり一度に二度は必ず大幅な気圧の変化がやってくる。あまりの痛みに失神しかけたこともあった。

　飴を舐めると役に立つとか薬で寝てしまえば良いとか、云われる度に試してきたが効果的だと思えるものはなかった。しかも外国の航空会社では、子供ならともかく立派な大人であるRさんにそう親身になってくれる乗務員はいなかった。

自分の軀は自分で守りなさいということなのだ。しかたなく狭いシートで身を縮めるようにしてひたすら時間の過ぎるのを耐える――その苦行が想像を絶するのだ。

そんなRさんがフランスに留学していた際、祖母が危篤なので戻ってこいとの連絡が入った。たまたま夏休みでもあり帰国するつもりでいたし、事情が事情なので仕方ないのだが、それでも自分のスケジュールではないところが憂鬱だった。

機内に乗り込むと彼女は痛み止めを飲み、耳栓をした。更に自分は気圧の変化に弱いことを乗務員に告げた。相手は、あらそうお気の毒ねえという顔をしたが、それだけでなにもしようとはしない。

座席は二人掛け、右側最後列、背後はトイレの窓側だった。唯一、良かったのは離陸しても通路側に人が座らなかったことだった。

幸いなことに上昇中の気圧の変化は軽微なものだった。ありったけ溜め込んだ唾液を一気に呑み込み、それと同時に鼓膜を意識して首を引いた。すると詰まった耳から壁がすっぽ抜けたように音が鮮明になった。ホッとしたせいかRさんは夕食を済ますと、そのまま眠ってしまった。

夢のなかで軀を揺らされているのに気づいた。肩のあたりにかけられた手は激しく動いている。目蓋を引き剝がすように起きると誰もいなかった。機内は就寝モードになっているらしく、照明は落とされて静かだった。

気のせいだったのか。Rさんはそう思ったが手の感触があまりにも生々しい。

そのうちに尿意を催したのでトイレに入った。鼓膜の調子は思ったよりも酷くない。このまま無事に着陸できるといいのにと、Rさんはぼんやり思いながら便座から立ち上がった。左手にあった洗浄ボタンに手を伸ばしかけ、動きが止まった。

目の前の出入り口は折りたたみ式ドアで、その左手に洗浄ボタン、並んで洗面台と大きな鏡が貼ってあった。当然、鏡にはRさん。が――もうひとり便座に腰掛けている女が、鏡の向うに居た。

絶句したRさんが便座を顧みるが、そこには誰もいない。女は鏡のなかにだけ存在しているのだ。慌てて彼女は出ようとした。しかし手が震えてしまっているせいかロックがうまく外せない。

鏡のなかで女が立ち上がった。俯いていたその顔が起き上がり、Rさんに向いた。

顔が半分しかない女だった。右側が無理矢理ねじ切られたように削れ、左の目玉が飛び出していた。

思わず叫び出しそうになった時、ドアが開いた。暗い通路で順番を待っていた外人の女が舌打ちし、睨んだ。彼女は曖昧に頭を下げ座席に戻った。動悸が治まらなかった。

とにかく寝てしまおう、再び目を閉じることにした。

ところが今度は肘掛けに載せた自分の左腕を押す者がいた。気配に目を開けるが最前同様、誰もいない。

緊張でおかしくなっているのだろう、そう思い込むようにしたが、座席と窓の間の隙間に目が行った。そこから髪の毛がごっそりとこちらにはみ出していた。

前に座る女性が、たぶん窮屈なので寝そべるような形でいるのだろう。リクライニングにすれば少しは楽なのに。背もたれはそのままに真っ黒な髪だけがRさんの膝に触れんばかりに溢れてきていた。

その時、再び肘掛けの腕がぐいっと摑まれた。

左隣は無人のままであった。けれども暗い窓に映っているのはRさんと、その向こうにいる髪で顔を隠すようにした〈女〉だった。

ひっと息を呑んで手を大きく振り解いた時、目の前の座席の人間が背を伸ばして後ろを振り向いた。外人の男性だった。彼はRさんを一瞥すると、また元に戻った。

彼女は溢れたままの髪の固まりを見た。それは彼女の膝に絡みつこうとしていた。

勝手に後頭部だと決めつけていたのは前髪だった。それが証拠に隙間から目玉が覗いていた――彼女は絶叫した。

悲鳴を聞きつけた乗務員が駆け寄ってきた。なるべく冷静に説明しようとするのだが舌が固まってしまって、どうしようもなかった。とにかくしどろもどろのフランス語で、いま起きたことを話した。

難しい顔をして彼女の話を聞いていた女性乗務員はメモになにか書きつけた後、戻って行った。周囲の客も目を覚まし、彼女のことを〈おかしなもの〉でもあるかのように見ながら眉を顰《ひそ》め、こそこそと隣の者同士囁き合っていた。

やがて先ほどの乗務員と上司らしい男性が現れた。

彼はRさんを座席から連れ出すと、機内中央にある階段から上に案内した。そこは座席が八席しかないファーストクラスだった。

唖然としていると着席するように促され、直ちにシャンパンが注がれた。上席の男性が〈申し訳ありません。あのようなことは年に数回なのです〉と説明した。

Rさんは生まれて初めてファーストクラスを体験した。なぜか鼓膜も痛くならず、とても快適だったという。いまでも七時間以上のフライトにはその航空会社を使い、できればあの時の機体に乗って、あのシートにもう一度、座りたいと思っているらしい。

空気山

くうきやま行こうよ。

こっそり友だちに耳打ちされたのはHさんが小学校五年の時だった。

その友だちは家が貧しく服もぼろぼろで、ちょっと汗ばむ季節になると臭うので仲間はずれにされていた。

そんななか、Hさんは彼とも普通に付き合うことを良しとしていた。

その返礼の意味もあったのか、なにやら彼は打ち明け話のように云った。

空気山は町外れの原っぱにあった。山とは友だちが勝手に付けただけで、広場の真ん中に草のない禿げた盛り上がりがあり、それを〈空気山〉と呼んでいるだけだった。

ただの土を見せられがっかりしているHさんの前で友だちは足を揃えて乗ると、両手を前後に振り、軀全体で膨らんだ土をグイグイ踏みつけ出した。

Hさんは軀を動かしながらニコニコ笑いかけてくる友だちを前に正直、困った。ひと気のない原っぱにある土のでっぱりを踏んで喜ぶ年はもう過ぎていた。やり残した塾の宿題が気になってきた。

あ、きたよ。

突然、友だちが云った。なにがきたのかと辺りを見回したが誰もくる様子はなかった。友だちは汗だくになっている。と、その姿が上下に振り幅が大きくなっている。

ね！　わかる？　わかる？

友だちはニコニコしている。足元を見ると、まるでトランポリンのように土が膨らんだり、へこんだりし、その反動が少しずつ大きくなっているのだ。

へえ、面白いねえ。なんだろうねえ。Hさんがそう声を上げると、友だちが気をよくしたかのように更に力を込めた。すると周囲の草がザッザッと友だちを中心にして放射状に揺れ出した。それはあたかも、でっぱりから見えない空気が周囲に勢いよく噴出しているようだった。これが空気山かとHさんは思った。

汗だくになった友だちがHさんと代わった。ところがHさんがいくら同じようにやっても、友だちのようにでっぱりは動かない。Hさんは諦めた。

変だなあ、と首を傾げた友だちがもう一度試すと、でっぱりは動き出した。

面白くなくなったHさんは、塾があるからとその場を立ち去った。

それから暫くHさんは友だちと遊ばずにいた。勿論、避けていたわけではない。Hさんが声をかけようとしても、友だちが先に学校を飛び出して行ってしまうのだった。

きっと空気山だろう。そう思い、ある時、原っぱに行ってみた。

すると思ったとおり、友だちがでっぱりの上で両手を前後に振っていた。Hさんに気づくと彼は照れたように片手を上げた。でっぱりの動きは以前よりも大きく広がっているように見えた。

なんか凄くない？　友だちも嬉しそうに、うんと頷いた。

ふたりで原っぱの風に吹かれていると友だちがふと云った。

Hくんができないのは悔しくないからだよ。

どういう意味かはわからなかったが、友だちの顔は変に青白かった。

やがて、友だちが行方不明になった。

学校で保護者説明会がありHさんの母親が、友だちの親は彼だけを残して夜逃げしていたらしいと云った。まだ幼い妹は親が連れて行ったようで、どうやら友だちはまるまるひと月近く、たったひとりで暮らしていたのだ。

Hくんができないのは悔しくないからだよ、と云った言葉を思い出した。


友だちが発見されたのはそれから五日ほど過ぎた頃だった。なんと小学校の地下倉庫にいたらしい。当時は給食室もあったので人目を盗んで食材に手をつけ飢えをしのぎ、他の時間はジッと潜んでいたという。

発見された友だちは前と全く変わってしまっていた。原因は頭部に負った大きな外傷だった。先生が聞いた警察の話では、どこかで事故に遭ったか暴行を受けたのだろうとのことだった。自分から話すことはできず、なにをするのも遅く、無表情なままだった。

彼が地域の施設に預けられる直前、Hさんはあの原っぱで偶然、友だちと会った。

なにをするのではなく、ただだらんと両腕を下げたまま、でっぱりの上に立っていた。

Hさんを見ても、その目はがらんどうで、こめかみから頬に掛けての彫刻刀で抉ったような傷が痛々しかった。

彼はHさんが帰る時もずっと、でっぱりの上で立ち尽くしていた。

そして友だちは県外の施設に送られた。その後どうなったかは知らない。

プール

dさんはいまでも泳ぎは苦手なのだが、彼女が小学四年生の時、クラスの半分以上が〈泳げない子〉ばかりになってしまったことがあった。その前年に近隣にある生徒数の少ない分校を吸収合併したおかげでそんな事態になったと云われていたが、根拠がなんだったのかはわからない。

それにしても、ひとクラス五十人ほどに膨れ上がった教室で三十人以上が〈かなづち〉である。担任である若い男性教諭はさぞ困ったのだろう。夏休みが近づき、体育がプール授業になった際、いつも大半が〈顔付け〉ばかりで飽いてしまうのを見かねて、今日はみんなで渦《うず》を作ります、と云った。

渦と聞いてみな首を傾げた。渦といえば海峡などにできるやつである。あんなものをどうやって作るのだろうか。すると担任は全員をプールのなかに入れると、壁際に沿ってゆっくり反時計回りに歩きなさい、と云った。始めはなんのことだかわからなかった生徒たちだったが、十分ほどすると歩きづらかった水の感触が変わってきた。するとプールサイドで見ていた担任がもっと早く！　もっと早く！　と云った。

それに合わせ生徒たちがスピードを上げた。すると確かに水のなかに水流が生まれたのである。五十人の子供たちがプールの水を掻き回す格好になった。

早く！　早く！　手を叩きながら駆け回る担任の言葉を自分たちも口にして、早く！　早く！　と、みながはしゃぎながら水中を走った。

そのうちに流れが激しくなり、もたもたしていると足を取られるほどになった。中央部分を見ると、いつもは平らなはずの水面が海のように波立ち、その様子に子供たちは大興奮した。すると走るのを止め、勢いづいた水流に軀を預ける者が出てきた。〈流れるプール〉である。もっともっと！　担任も生徒も一緒になって大はしゃぎした。

あっ見て！　と誰かが叫んだ。その瞬間、プールの中央部分に明らかに渦ができた。みな走りながら、すごい！　すごい！　と口にした。

担任も、できたぞ！　渦が生まれた！　小学校に海を作ったぞ！　と云った。

いよいよ生徒たちの興奮は高まり、前にも増して早く走り出した。渦がどんどん強く大きくなっていく。dさんもこんなに楽しい水泳の授業は初めてだった。

並んで走っていた友だちが短い声を上げて渦を指差した。

見ると渦が水面より高くなっていた。

あれはなに？　後ろの子からも声がした。

渦のなかから水の塊が異様に盛り上がってきたのだ。

みな真ん中に注目している。が、誰も足を止めようとはしない。否、水流が激しく自分だけ停まることなど不可能だった。

なんだ……なんだ……という声が次第に大きくなっていき、それに呼応するかのようにプール中央に生まれた水のなにかは激しい陽光を浴びながら急激に成長した。

dさんには観音様の姿に見えた。友だちは飛翔しようとする竜だったと云った。

あっ！

dさんの少し前方で悲鳴がした。足を滑らせ引きずりこまれたのか、好奇心で自らそうしたのか、列から外れたひとりの男子生徒が勢いよく流された。そして見る間に渦の中心に吸い込まれるように近づき、水のなにかに触れた。

その途端、水のなにかが破裂した。

全員、プールから上がれ！　担任が叫び、飛び込んだ。みな、プールサイドに上がりながら渦に呑まれた生徒を見守った。が、担任はいまだ流れの強いプールの真ん中で呆然と立ち尽くしていた——あの生徒の姿が消えてしまったのだ。

その後は蜂の巣を突いたような大騒ぎになった。dさんたち全生徒は教室に留め置かれ、職員総出で校内の捜索が始まった。

同級生のなかには泣いている子もいた。消えた子の隣で走っていた男子でふたりは親友だった。ぼく、ふざけてあいつを押しちゃったんだ、と口をへの字にし、ぽろぽろと涙を零し、何度も指で拭いていた。水が真っ赤になったとか大きな笑い声を聞いたという子もいた。

すると屋上でワッという、大きな悲鳴とも歓声ともつかないものがした。

暫くすると担任が教室に戻ってき、生徒が無事に発見されたことを告げた。目に涙が浮かんでいた。いまは保健室で寝ているけれどどこにも怪我はないとのことだった。

それを聞いたdさんたちは拍手をして喜んだ。

その週を欠席した当該生徒は翌週から登校してきた。いまなら大問題になっていたのだろうが、昔のこととて子供が無事であればマスコミに告発するなどということはなかったのだ。しかしその年の水泳の授業はすべて中止となった。

戻ってきた生徒を仲間たちは質問攻めにした。

どうして消えたんだ？　あの真ん中のものはなんだったんだ？　どこに行ってたんだ？

彼はなにひとつ憶えていなかった。プールでみんなと渦を作って遊んだこと、足を滑らせたこと、それと温かかったこと。

彼によると、ほんの少し明るいだけの、とても温かくて気持ちの良いところにいたのだという。そして気がつくと先生に囲まれていた。

それが彼の憶えていることの全部だった。

彼が見つかったのは屋上に出る建屋の縁《へり》だった。不思議だったのは事故防止のため常時、屋上の出入り口には鍵が掛かっていたので誰も入ることなどできないはずだった。

それから十年ほど経った頃、一度だけdさんは彼を見かけたことがある。

高校からの帰り道、川の真ん中に釣りをするでもなくボーッと立っている人影があった。それが彼だった。

声をかけようと思ったがやめた。

窮屈そうにランドセルを背負っていたからだ。

こっくりマート

Uさんは学生時代、コンビニの夜勤をしていた。まだ全国に広がる前で二十四時間営業が物珍しかった頃の話だ。

バイトに入った当初は、深夜でも店の裏にある自動車会社の独身寮の住人がひっきりなしにやってきて、金曜土曜などは大変な忙しさだった。故に当時では珍しく、夜勤のふたり体勢が確立されていた。

ところが彼がバイトを始めて半年も経たないうちにバブル崩壊のあおりを受け、独身寮が取り壊されることとなった。いま住んでいる独身従業員たちは全員、工場に隣接した田舎の寮に越すのだという。

これからは暇になるだろうなと、学生ながらぼんやりと考えていたUさんだったが事態はそれどころではなかった。

暇どころか、夜中になるとほとんど人がこないのである。

おかげで明け方の商品到着まではなにもすることがなくなってしまった。

男ふたりである。始めのうちは暇も良いなどと云っていたが、だんだん持てあますようになってきた。

ある時、店長から来月いっぱいでクビだと宣告された。あれだけ暇なのだから当然だという思いと、なんでおれが？　という思いの両方がやってきた。

いつも組んでいる相方は残留である。ただでさえダレ気味だったUさんは更にダレた。だからといって、クビになるUさんに一生懸命働けというほど相方も意地は悪くない。

結局、ふたりでダラダラしていたのだが、ある時、相方が〈こういうのやってみませんか〉となにやら書きつけた紙を事務所の机に拡げた。ひらがなと数字、鳥居のマークがあった。

こっくりさんである。

なんでまた、男ふたりでこんなガキっぽいものをと思ったが、週刊誌はほぼ読み尽くしてしまったし、遊びや呑みに出かけるわけにもいかない。なんとなくの暇つぶしでふたりはこっくりさんを始めた。

どうせ相手が動かしているに違いない。将来は芸能人と結婚できますか？　とかバイト内で付き合ってる奴はいますか？　とか、どうでもいいゴミのような質問を続けていた。しかし指を載せた十円玉は目の前で快調に動きまわる。

Uさんは正直なところ、こんな子供騙しを真剣にやっている相方を気持ち悪い奴だなと思い、次のバイトはバーテンみたいな渋い大人の店にしようと密かに心に誓っていた。

ふたりはそれからも朝までの時間、こっくりさんをやり続けた。

あと二回でバイトを卒業するという頃、相方が、あれマジだったす、と云い出した。

なにが？

事故を見るっていうやつ。俺、今日バイトくる時、目の前で飛び込み見ました。

Uさんには記憶がなかった。それでも相方は、こっくりさんが前回そうお告げしたと譲らなかった。

その夜から入店を報せるチャイムが壊れた。こっくりさんをしていると誰もいないのにひっきりなしに鳴るのである。

苛ついたUさんが冗談で売り場に向かって、ばーか、化け物には売らねえよ！　金持ってこい！　と怒鳴ると棚が崩れる大きな音がした。

ハッとしたふたりが売り場に飛び出すと、店内になんの変化もなかった。

気のせいだよ、と事務所に戻ろうとした時、相方がカップラーメンの棚をジッと見つめていた。どうしたんだ？　と近寄ると、蓋にペンでも突き刺したような穴が開いていた。調べて見ると十四個。棚の一番上のカップ麺は全滅だった。

事務所に戻ると、相方がこっくりさんの続きをせがんできた。Uさんがなんか白けたから別のことをしようぜというと、エンジェルさんがしたいという。

目の前で人死にを見たからこいつ気がおかしくなってるなと思いながら、Uさんはエンジェルさんなるものを初めてやった。中身はこっくりさんと同じだった。すると赤ん坊の泣き声がした。それも外ではない。ごく近い……売り場からだった。

Uさんたちは顔を見合わせた。監視カメラのモニターにはなにも映っていない。もう午前二時を過ぎている。こんな時間に赤ん坊の声が聞こえたことはなかったし、気づけばあれほど、うるさかった入店チャイムも鳴っていない。

もう一度、今度は壁を隔てた向こうから赤ん坊の声が聞こえた。

Uさんはごくりと唾を飲み込んだ。

相方はモニターの切り替えスイッチを押し、店内を確認している。しかし人影はまったくなかった。更に声がした。

Uさんが立ち上がろうとするより先に、相方が無言で売り場に出た。Uさんはモニターで見ることにした。すると相方はなにかに気づいたかのように売り場を駆け抜け、一番奥の壁際の通路まで行くと、なにやってるんだ！　と怒鳴った。が、次の瞬間、身の毛もよだつ悲鳴を上げて倒れた。

Uさんが飛び出すと目の前を三歳ぐらいの子供が駆け抜けた。

こら！　と怒鳴り、後を追う。子供は棚と棚の間を笑いながら走り回る。そして壁際の通路まで行った時、一番端で子供が立ち止まり振り返った。

駄目じゃないか、と叱りつけようとしたUさんに向かって子供は駆け寄ってきた。

そしてぶつかる間際、ボロボロに煮崩れた顔の大男に変わった。

それは強い力でUさんの肩を抱くとべろりと顔を舐めた。

Uさんは初めて自分の悲鳴を聞いた——。

気づくと事務所の椅子に座っていた。相方がエンジェルさんの紙の上で十円玉を滑らせていた。目つきがおかしい。

Uさん、死んでも死んだ気がしないそうですよ、おれたち。良かったですよね。

相方はうんうんと頷いてニヤニヤしていた。

やがて朝になった。いつものように弁当や食品が届けられた。受領書を渡した時、馴染みになっていた若い運転手が鼻をひくひくさせ、なにか腐ってませんか？　と云った。

最後の夜勤の日、Uさんは欠勤した。

その後、夜勤はひとり体制にされたようだった。

たまに車で店の前を通るとレジにあの相方がボウッと立っているのを見た。誰もいない店内に向かって笑いかけていた。


店は暫くして潰れた。

杞憂

Wさんが嫁いできたのは昭和の半ば、世の中は高度経済成長だ、なんだと沸き返っている頃だった。嫁ぎ先は都内でも屈指の青果店で、朝から晩まで業者から小売り客までがひっきりなしにやってくる繁盛店だった。

そこの帳場を一手に引き受けているのが六十を過ぎているのに矍鑠《かくしやく》としたお姑《しゆうとめ》さんで従業員から職人までを束ね、また顧客からの信頼も厚かった。

お舅《しゆうと》さんはWさんが嫁いできた翌年に脳溢血で亡くなった。

周囲は店の行く末を酷く案じたが、お姑さんは、商社勤めをしていたひとり息子を嫁のWさん共々呼び戻すと店を切り盛りし、元の状態に戻してしまった。

なにをやらせてもそつのないスーパーウーマンだったとWさんは云う。

そして当然のことながらWさんへの仕込みも厳しかった。金の勘定だけは絶対、他人には任せないが口癖のお姑さんは彼女に期待もし、また息子を支える自分の後継者として確実に育て上げようとしていた。

故に朝から晩までつきっきりでの教育がされた。

特に厳しいのは計算だった。帳簿付けの数字を間違えると雷が落ちた。普段から威勢は良いが荒っぽい言葉は使うことのないお姑さんが、仕入や合計、単位を間違えていると〈莫迦《ばか》か！　おまえは！〉と怒鳴りつけた。

繁盛店であるが故にその姿は他人様にも丸見えだ。

大変ねえ、とか、期待しているからよ、などと慰めの言葉も貰《もら》うが若いWさんには怖ろしさのほうが先だった。典型的なサラリーマン家庭に育ったWさんの母は専業主婦でどちらかというとおっとりしている。眦《まなじり》を決する勢いで女性が大の男と値段交渉をする姿などWさんは想像したこともなかったのである。

息子は母親思いであるが故に、時にはWさんが孤立感を感じることもあった。

しかし、これ以上は無理だ、限界だと感じると、見ていたかのようにお姑さんは優しい言葉をかけてくれ食事に連れ出してくれた。そしてそこで自分の言葉でWさんを如何に大事に思っているか、期待しているか、また商売の厳しさを語ってくれた。

二人目の子供が生まれる頃にはWさんも仕事に慣れ、若女将として商店の帳場を肩代わりすることもできるようになった。たまにチョンボをすると雷は落ちた。それでもお姑さんがWさんを認めてくれつつあることは十分にわかったし、嬉しかった。

もうひとつ、お姑さんの印象で強く残っているのが六玉の算盤であった。

Wさんが電卓なのに対し、お姑さんは終始一貫、この六玉の算盤ですべてを捌《さば》いた。普通の算盤よりも三回りほど大きいのだが、頑丈で少々乱暴に扱っても平気だった。

お姑さんは何度も同じ失敗ばかりくり返す男性従業員がいると、よくこの算盤で頭や尻を叩いていた。やられたほうは顔を顰めて痛がるが算盤は全くなんの変化もなかった。

Wさんのなかでは算盤はお姑さんの分身というイメージであった。

そんなお姑さんに癌が見つかった。肝臓癌で末期だった。腰が痛い腰が痛いと按摩に通っていたが、それは癌細胞が背中を圧迫している痛みであったようだ。

Wさんは大いに慌てたがお姑さんは泰然《たいぜん》としていた。いろいろ大変だったけれど良い人生だったから満足だと云うのである。

そして癌発見から一年後、お姑さんは亡くなった。病床で息子と店のことを頼んだわよというのがWさんに向けられた最期の言葉だった。

初七日が過ぎ、Wさんが月末の〆をひとり帳場でこなしていると、自分が電卓のボタンを押すのと一緒に音がする。なんだろうと手を止めると音も消えた。また気を取り直して仕事を始めると、やはり音はするのである。

鼠だろうか……気になってあちこちを見たがそれらしいものはなかった。

と、その時、お姑さんが使っていた小机の抽斗も開けてみた。そこにはあの算盤が入っている。Wさんは試しに算盤を自分の左側の帳簿棚の抽斗にしまってみた。そして仕事を再開すると、今度は左からパチパチと音がするのである。

お義母《かあ》さんが心配で見守ってくれているんだ。その夜はふたりで仕事をしているような気持ちになったという。

翌朝、その話をすると夫は少し眉を顰《ひそ》めた。曰《いわ》く、おふくろは単に見守りたいだけでそんなことをする人じゃない、と。

もう一度、帳簿からなにから調べて見ろと云った。

云われたようにすると、果たして品物の単位を間違えて請求していることに気づいた。

慌てて請求書を作り直し、事なきを得た。

あれから二十年経つが、いまでもWさんは側の抽斗に六玉の算盤を入れて仕事をするのを忘れない。算盤の音がするとすぐに手をとめ、見直しをするためである。

幸いにもその機会はずっと少なくなっているという。

花

転職をしたXさんが心機一転で引っ越した時のこと。新居近くの公園で奇妙な花を売る少女を見つけた。

厳密には少女だけでなく老婆が一緒にいたのと、店といっても移動式の屋台である。商品として置かれている花がチューリップ、ユリ、ヒヤシンスの鉢だけなのだが、それらの葉と茎がありえないほどひん曲がっている。

通りかかって一瞬ビックリし、新種なのかと足を止めたがどうも違う。よく見るうちにそれも味に思える。なにより花屋で買うよりも安かった。

新居に花でも、と彼女はチューリップを一鉢買うことにした。それは土の根元あたりから茎が九〇度横に曲がり、二度折れるようにして上に延び、花は首元の下あたりから真下に向いて曲がっている。その上葉は花を包むようにくるりと上下に丸まっている。萎れているわけではなく茎も花弁も艶々と元気そうである。

彼女はそれを低いガラステーブルに載せることにした。

それから夜中に何度も目が覚めるようになった。それも直前に人の声がする。部屋は二階にあるので、すぐ前の道を歩く人が大きな声を出せば聞こえてしまうということはあったかもしれない。しかし真夜中だ。それが毎回、必ずということがあり得るのか。

なにかが変だった。変だといえば、あのチューリップも変だった。

買った当初はひん曲がっていた茎と葉が元に戻りつつあった。これでは普通のチューリップと変わらない。なにかそのことが気になった彼女は休日、公園に出かけた。

あの屋台が出ていた。

Xさんが少女に、前に買ったチューリップ、元に戻っちゃったよ。もう普通のになっちゃった、と云うと、少女は聞こえなかったかのように無視したが、後ろにいた老婆が、それでは、持ってきてくれれば直しますよ、と云った。

直しますよ、というのも変な話だが、彼女は鉢を取りに行って戻ると老婆に預けた。次の週末にきてくれという話だった。

そして翌週、公園の屋台に行くと彼女のチューリップはまた見事にひん曲がっていた。その姿に満足した彼女はお礼を云って受け取った。その際、こんなに曲げるのは大変でしょう？　と云うと老婆はまあねぇ、と薄く笑った。

持ち帰った彼女はまたガラステーブルに飾った。その日は昼過ぎに母親が訪ねてくる予定だったのである。母親は部屋に入った途端、顔を顰めた。変な臭いがするし、このチューリップも気味が悪いというのである。しょうがないので玄関の靴箱の上に押しやった。

その夜は部屋に母親が泊まったのだが夜中、Xさんは酷く魘《うな》される声で目が覚めた。汗もびっしょりだったので母親を揺り起こすと、怖い夢を見たと云う。人がバラバラにされた袋のなかに詰められ、どこかへ運ばれていて、自分もそのなかに一緒に詰められて息ができなかった、と大きく溜息をついた。

翌日仕事に出たXさんが帰宅すると、母親はもういなくなっていたが、しばらく食べられるようにと色々なおかずをタッパーに作り置いていてくれていた。そして〈買ってきたから玄関に貼っておく〉という走り書きは御札のことのようで、玄関に見に行くと確かに御札が貼ってあった。変なところで信心深いんだからと思わずほくそ笑んだが、そのそばであのチューリップが枯れてしまっているのを見て嘆息した。

やはりなにかこの花はおかしいのかなと思い、ゴミ袋を手にXさんはチューリップを捨てようと引っこ抜いた。臭い。チューリップが抜けた鉢からは確かになにかが腐ったようなにおいが立ち昇った。

それからしばらく経った休日、遠いので普段は行かない大型スーパーからの帰り道、あの花の屋台にいた少女がとあるアパートの部屋の前にいるのを見かけた。

あそこがウチなのかな、と思い眺めていると、ドアが大きく開いた。

部屋のなかにはたくさんの鉢がびっしりと置かれているのだが、手前には普通に真っ直ぐ伸びた花が奥へ行くほどねじ曲がっているのが見て取れる。

少女の後ろに立ったXさんは、ここで花を作っているんだね。と思わず声をかけた。ふり返った少女に、どうやって作るの？　と再び声をかけた。少女はむすっとしたまま固まっている。そして花は置くだけで曲がるから、ぼそりとつぶやいた。

そんな莫迦なことはないでしょと思いながら、きっと商売上の秘密のやり方があるのだろうと納得しながらその場を離れた。


それから数日後のこと。近所に住む大家の元に母親から送られた海苔を持って改めて挨拶に向かった。その際、世間話の一端であのアパートで育てている花の鉢植のことを訊ねてみた。

大家は一瞬呆けたような顔をしたあと、あんな花を買ったの？　となにやら蔑みめいた含みを持ってこう云った。

あの部屋は義父と実母で子供を嬲《なぶ》り殺しにした現場なんだよ。誰も借り手がつかなくてあの大家の婆さん、変な商売を始めたんだよ。腐ったような鉢植えだから誰も買わないよ。え？　小さな女のお孫さん？　いないいない、あの婆さんひとりでいつも屋台にいるでしょ？　そんな女の子、あのアパートには住んでいないよ。

それからも彼女が引っ越すまで、老婆と少女は曲がった花を公園で売っていたという。

本《ほん》音《ね》鬼《おに》

現在、俳優として活躍しているYは学生時代から、その並外れた容姿で女子から絶大な人気を誇っていた。しかし本人には自覚はなくバスケに専念する日々を送っていた。

高校三年になると、そんなYにも彼女と呼べそうな存在ができた。

カオリと知り合ったのは予備校で、ふたりはどこにでもいる青春カップルのように映画館に行ったり渋谷でウィンドショッピングをした。

同じ高校でなかったこともYにはよかったらしい。学校の休憩時中も彼女に会うことが多くなると、仲間との時間が削られてしまう。それは困る。

Yはカオリとの関係に満足していた。

そんなある放課後、帰宅途中のコンビニで雑誌の立ち読みをしているとふたりの女子高生が近づいてきた。

カオリと同じ学校の制服を着ていたふたりは、彼女のことで伝えたいことがあるとYをファミレスに誘った。

話はこうである。

あなたの付き合っているカオリという女は実はとても裏表のある人間です。いま彼女の酷いイジメに遭って自殺しかけている友だちがいます。どうかその子を助けると思って彼女にイジメをやめるように云って欲しい。

当然、Yが簡単に納得するはずもなかった。そんなことは本人に直接云えば良いし、第一カオリがそんなことをするなんて信じられない。

するとひとりが携帯の動画を見せた。そこにはトイレの床で土下座する少女の頭を踏みつけているカオリの姿が映っていた。

Yは絶句した。ドッキリではないのかと疑ったが、ふたりの切実な表情が偽物ではないことを物語っていた。

しばし沈黙が続きYは、わかった。話してみる、と云った。

ただ、それは君たちのためじゃなくてカオリのためである。どんな理由があれ、こんなことを続けていては彼女は駄目になるからだ、と。

少女たちはそれでも構わない、と云った。できるだけ早くお願いします。カオリはいま、この子だけを集中的に追い詰めていて、もう精神的に限界なんです。

ふたりが去ったあと、ひとり残ったYはしばらく呆然としていた。あの明るくて優しいカオリにあんな一面があったとは。それでもYは彼女を嫌いになることはできなかった。それよりも自分がなんとかしてやりたいという気持ちが湧き起こっていた。

次のデートの時、考えた末、Yは聞いたことをカオリに話した。カオリは顔面を蒼白にして震え出し、あれは逆なのだと泣きじゃくりながら訴えた。

イジメられているのは私だ、あの土下座していた子は自分の親友でイジメグループの奴らに無理矢理、互いにやり合えと命じられたのだ。あの後は交代させられて自分がやられたんだ、と云った。

Yはなにがなんだかわからなくなった。底なし沼にはまったような憂鬱な気分だった。

その後すぐ夏休み前の期末試験になってしまったので、カオリと会うことはなかった。

明日から夏休みという放課後、Yは駅前で声をかけられた。

以前、カオリにイジメをやめるように云ってくれと訴えたひとりだった。

ちゃんと彼女には話したけど、とYが強張って云った。

知ってます、もういいんです。

あ、じゃあ役に立ったんだね。

そう云うYを彼女は睨みつけ、いきなり怒鳴った。

あんたの言い方が下手だから、倍返し、三倍返しされて、あの子、電車に飛び込んで死んじゃったから、もういいんです！

彼女はYの胸を強く突くと駆け去っていった。

ネットで調べると、確かに女子高生が特急の通過電車に飛び込んで死亡していた。

車体に衝突した軀はホームに跳ね返り、柱に当たってまた線路に落ちたとあり、現場であるホームは飛散した軀の破片でしばらく使えなくなったらしい。

Yがカオリに話した二週間後のことだった。しばらくカオリからのメールに返信をしなかった。

カオリから久しぶりに会いたいと連絡があったのはその晩のことだった。休みになったら遊園地に行きたいと云う。Yは気が進まなかったが承諾した。

デート当日、笑顔の冴えないYに比べ彼女は別人のように陽気だった。

夕暮れ時、彼女は観覧車に乗りたいと云った。話があるとも云った。Yは人目を気にせずに話をする良いチャンスかも知れないと思い、ふたりで乗り込んだ。

実はなんとなくカオリに怖いものを感じ、別れ話を云う決心をしていたのだ。

その観覧車は巨大なことが売りで戻ってくるまで十五分以上かかる。密閉式のゴンドラに乗り、向かい合わせに別々のシートに座るとカオリのほうから別れようと云ってきた。

Yはなんだか内心ホッとした。そしてわかった、とだけ告げた。

あんたなんかダッサイかんね、と彼女の口調がガラリと変わった。

真面目ぶってて死ぬほど退屈だから、マジ、勘弁してって感じ。

彼女のYへの悪口は流れるように零れ止まらない。Yは腹立つよりもあまりの馬鹿馬鹿しさに笑い出しそうだった。

イジメのことは本当だったんだな。そう云うと彼女は嬌声を上げて両手を叩いた。

だってストレスたまんない？　糞みたいに毎日勉強勉強ってさ、だからあんなことでもしなきゃこっちが死んじゃうよ、こんな世の中にしたオトナが悪いんだよ、あたしのせいじゃないし、逆に被害者だから――

Yはムカムカしてきた。少しでも彼女を信じようとしていた自分に腹が立った。

それとあたし、もう彼いるから、連絡ブッチするような莫迦はいらねえし。

わかったよ。Yはそう云うと窓の外に眼をやった。もうなにも話したくないし顔も見たくなかった。は？　わかったよ、はこっちのセリフだよ、と言い捨てるとカオリは携帯を弄りだした。ゴンドラが一番高いところへと差しかかろうとする。早く降りることばかりをYは願った。

と、ゴンドラの床にポツリと大粒の水滴が落ちた。雨が降った。いや、雨ではない。黒い染みだった。ポツリポツリと、それはYが見ている間に増えていく。上を見たが透明な強化プラスチックでできた天井に穴など開いてはいなかった。夕暮れの赤に薄っすらと染まった空が見えるのみだった。

携帯に集中していたカオリも床の異変に気がついたらしく、黒い染みを追って天井を見上げた。

途端、全身が凍りついたように硬直し、喉を絞るような呻き声が上がった。

げぇぇぇぇぇぇ。

携帯を放り出したカオリは天井を凝視していたが、やがて見えない雨を避けようとするかのように、狭いゴンドラのなかで逃げ回りはじめた。

ごめんなさい！　ごめんなさい！　気も狂わんばかりに叫ぶ。

ゴンドラが激しく揺れる。落ち着かせようと出した手を振り払い、誰かの名前を叫んで拝み悲鳴を上げた。それはネットにあった自殺した少女の名だった。

やがて彼女は土下座し両手を合わせた。お経のように、ごめんなさい！　ごめんなさい！　をくり返す。ごめんなさい！ごめんなさい！ごめんなさい！ごめんなさい！

が、ゴンドラが一番高いところを過ぎた時、土下座していた顔を床につけたまま、頭の上のなにかを摑もうとするかのように腕をのたうたせると、やがて起き上がった。

それから顎が外れてしまうんじゃないかと思うほど大きな口を開けた。目を見開き後退り、ゴンドラの隅に軀を叩きつけると不意に静かになった。

不気味な沈黙にYが固唾を呑んでいるとカオリが顔を向けた。

なにもかも諦めきった顔で、呑んでしまった、とだけ呟いた。

それから彼女はシートに座り直すと、呆けたように外を見ていた。なにかぶつぶつ云っていたが意味不明だった。

ゴンドラを降りて以来、Yは彼女と会っていない。

寒風

中学二年の秋、Zさんの家族は賃貸マンションから念願の一戸建てへと引っ越した。税理士をしていた父親が頑張って購入したものだった。中古だがアンティークな雰囲気があり、室内はリフォームされ四人家族が暮らすには十分な広さと部屋数があった。

二階は階段を上ってすぐに両親の寝室（ここで小学二年生の弟も一緒に寝る）、隣の部屋は納戸用、その隣がZさんの部屋となった。

つまり階段を上がって廊下の一番奥が彼女の部屋であり、トイレは目の前にあった。

そろそろ受験勉強を本格化させようとしていた彼女にとって個室ができたのはとても嬉しかった。

彼女の部屋には大きな窓がひとつあった。そこへ机を置き、壁際をベッドにした。

一ヶ月ほど経った頃、居間で飼っていたインコが死んだ。元気だった番《つがい》がZさんが学校から帰宅してみると、二羽とも鳥籠に張った止まり木の下に転がっていた。

彼女はインコたちを庭に埋めることにした。

家には物干し台が三つは並べられるほどの庭があった。決して広いとは云えないが都内では贅沢なことだと父親は云った。

シャベルを手にどこに埋めようかと思案していると固いものに躓《つまず》いた。切株のようでまだ断面も新しい。地面と平行になるほどギリギリの高さで切り取られていたが土中に張った根の残りに引っかかったらしい。

なんの木なんだろう。切株全体と根の張り具合から考えて、かなり大きな木だったに違いない。それは丁度、Zさんのベッドのある壁の真下にあった。つまり木が残されていれば彼女の部屋の真横に枝が茂っているということになるのだなと、ぼんやり思った。

それからしばらくして夕食前に勉強をしているとドアが、ぱたり、と音をさせて閉まることがある。振り返ると誰もいない。そんなことがよく起きるようになった。たぶん弟がふざけているのだが、こっそり開けられて閉められるのは気が散る。

そのことをZさんが夕食の席で云うと弟は自分はそんなことをしていないと云った。母も、弟は今日はずっと居間でテレビを見ていたわよと云う。いつも母は幼い弟の味方だった。それもちょっと気に入らない。

別の話題にしようと父に、昔、ここには大きな樹があったのではないかと訊くと知らないと答えた。父が下見にきた時には既に樹は切り倒された後だったようだ。

その夜あたりから、勉強を終えて寝ようとするのだが部屋が寒くて堪らなくなる。Zさんは窓が開いているのかと何度も確かめるが錠もしっかり掛かっている。母親に訴え続けていたらある夜、近所の工務店に調べてもらったけれど、窓はしっかり閉まるし断熱材もきちんとされているって云われた、と諭された。

やがて冬休みを前にして予備校も特別講習が始まった。その頃父親が新しいインコを買ってきてくれていて、大喜びだったZさんは予備校から帰ってくるといつも世話をしていた。

ある予備校の帰り、あと二、三分で家だというところで犬を散歩させているお爺さんに声をかけられた。

あんたはあそこに引っ越してきた人かね。

近所の人だと思いできるだけ愛想よく、そうです、と云うと、お爺さんはZさんの顔をジッと見て訊いた。

それで無事なのかね。

なんのことかわからなかったが、この人独特の言い回しだろうと思い、はい、みんな無事です、と答えた。するとその人は〈じきに悪くなるさ〉と云い捨てて行った。

夕食時にZさんがその話をすると母親は、年寄りでも変な人がいるから気をつけなさい、と顔を顰めた。


夜中、Zさんはまた寒気で目が覚めた。直前、壁に貼ってあるカレンダーがぱらぱらと揺れているような気がした。まるで風に吹かれるように動いていたのだ。でも完全に目を覚ました時はなにも起きていなかった。誰かが話をしているような声を聞いたような気もする。

トイレに行こうと起き上がり、廊下に出ると階段の途中から二階を覗き込んでいる人が居た。廊下の薄明かりのなか、顔だけをこちらに向けている。気配を窺うように鼻から上だけが見えた。

泥棒！　と思わずZさんは大声を上げた。両親が寝ている部屋から、父親が飛び出してきた。手にはバットを握っている。どこだ！　Zさんが父親の姿を認め階段に眼を戻すとそこにはもう誰もいない。下に逃げたみたい！　そう叫ぶと父親が階段を駆け下りて行った。弟の手をにぎった母親も廊下に顔を出した。

やがてバットを手にした父だけが二階に上がってきた。

誰もいないぞ、と云われたのでZさんは確かに男の人が居たと云った。首だけ階段の最後のところに預けるようにして廊下を見ていたのよ、と云った。

でも誰もいないんだ一階の戸締りも確認してきたし、もう寝なさい、父はそう云って母を促し寝室に戻った。

自室に戻ったZさんはなかなか寝つけなかった。確か自分は見たのだ。だとするとどこへ行ったんだろう。父は隅から隅まで捜したはずだ。やがて眠りに落ちる寸前、あの人が逃げる時、足音がしなかったのはなぜだろうと気がついた。

翌朝、母親の叫ぶ声で目が覚めた。またインコが二羽とも冷たくなっていた。

朝食の時、しばらくはなにも飼わないから、と云った。

弟が車に跳ねられたのはそれから十日ほど経った頃だった。運送用のトラックに引っかけられたのだ。幸い大事には至らなかったが一週間ほど入院することになった。病院に泊まり込むことになった母親は昼に夕食を作ると病院へと出かけて翌朝に戻ってくる。父親は急に仕事が忙しくなったらしくZさんが起きている間には帰ってこない。

Zさんは予備校から帰ると食事をして皿を洗い、ひとりで風呂に入り、寝るまでの時間を勉強に充てた。しかし、ひとりきりの家なのに、寝ていると誰かに話しかけられるようなこともあり、また男の声で怒っているようにもふざけているような声も聞こえる。Zさんは夜中に目を覚ます回数が多くなった。そしてその度に部屋は信じられないほど寒くて震えあがる。

母が泊まり込むようになって四日目の晩、寝ているると猛烈な風が吹き込んでくるのを感じた。それも窓からではなくベッドを置いてある壁である。目を開け、風の源を探して手を出すと確かに壁から吹いてくる。不審に思ったZさんが壁に触れるとしっとりとして冷たかった。

起き上がり壁に耳を付けてみると微かになにかがなかで揺れている気配がする。

Zさんは壁に爪を立ててみると、壁紙がボロボロと削れ落ちた。

なにこれ？　壁を引っ掻く手が止まらない。やがてぐずぐずと崩れた壁のなかから窓枠が見え、その鉄の枠に凝った細工の取っ手が付いている。Zさんはそれを摑んで思い切り揺さぶると目の前にステンドグラスが嵌められた大きな窓が現われた。

呆気に取られていると窓が開き始めた。それと同時に男の声がする。

〈全部、おまえの父親のせいだ〉声はそう云ってゲラゲラと笑った。

開け放たれた窓からは鮮やかなオレンジ色の光と共に樫の木の巨木が飛び込んできた。枝に男の足が見える。

〈全部、おまえの父親のせいだ〉その男の声だった。デニムを穿いた太股から下しか見えない。

〈皆殺しだ〉そう云われた途端、無性に腹が立った。なに勝手なことを云ってんのよ！

そう叫んだ瞬間、男の軀ががくんと下がった。

首から上が無い。赤黒く開いた肩口からは夥《おびただ》しい血が腹から足まで溢れている。驚いた彼女が窓から離れると部屋の隅から勢いよく転がってきたものが足首に噛みついた。

それは階段で見た男で頭であり、笑いながらZさんの足首を噛み続けた。

気がつくと父親がZさんを揺り起こしているところだった。

お父さん、窓が怖い！　叫びながら差した壁には窓などなかった。壁には血に塗れたひっかき傷がたくさんついていた。見れば彼女の両手の指は爪が剝がれてしまっていた。

なおも、窓が怖い！　と叫ぶ娘に父親は、どうして知ってるんだ？　と訊いた。


母親は知っていたらしいのだが、その家は父親の会社が買い取った債権の担保になっていた物件だった。住んでいたのは年老いた芸術家で、借金を苦に庭の大きな樫の樹に紐をかけ、二階の窓から飛び降りたのだそうだ。勢い余ったせいかその首は頸椎を断ち折っており、また発見が遅れたためかろうじて繋がっていた皮膚が腐れ落ち、首は地面に転がっていた。

結局処分されることになった家だが、安く買い取れるということでZさんの父親が名乗りを上げた。その際、樫の木は切り倒され窓は埋められたのであった。

一家は弟の退院と同時に賃貸マンションに引っ越した。

Zさんが大学に現役で合格するのと同時に両親は離婚したという。

西北《せいほく》の

ａさんが大学受験の頃、妙な噂が立った。

ある大学では不思議な必勝法があるというのである。実際、それを実行したことで圏外だった人間が合格したという。

大学では創立者を讃えて銅像を建てている場合が多い。某大学もそれに倣い校舎の中央に立派な銅像が建てられている。

季節が巡り、その銅像の影が〈西北〉方向に伸びる頃、像の顔に当たりそうな影の部分に自分の髪や爪、受験番号などを書き記したものを埋めるか隠しておくのだという。

但し、その姿を見つかったり、掘り出されてしまってはいけない。なかなか苦労するところではあるが、それほど苦労してでも入りたいのだということを創立者でもある銅像に見せることで霊験が宿り、どういう風の吹き回しか天の配剤か、箸にも棒にもかからないだろうとされていた者がサクラサクになるのだという。

どこの大学のどんな像かは云えないが。

アジアン・リゾート

ｇさんは大学の卒業旅行に友だちと東南アジアへ行った。

初めての東南アジアは刺激的だった。最も驚いたのは信号のないことだった。

但し、信号がないといっても交通量が少ないということではない。それどころか道幅一杯に埋め尽くさんばかりにバイクや自転車、バス、タクシー、自家用車が縦横無尽に走り回る。

横断したい人間はそのなかに入っていくのだが日本の交通ルールに慣れた身ではとてもじゃないが渡ることなど怖ろしくてできない。なにしろ信号がないぶん、それぞれが勝手に突っ込んでくるし第一、歩行者優先などという考え方は欠片もない。

まごまごしているとバイクに袖やスカートを引っかけられるし、容赦なく罵声を浴びせられる。町自体がぐらぐらと煮られているかのようにエネルギッシュなのである。

空港からタクシーで最寄りのホテルに行くまでにそれらの洗礼を車内から受け、ホテルでチェックインして外出してからは、身をもってそれを知った。

「よく誰も死なないものだと思うんですが。不思議なことにあたしが滞在している最中は一度も事故は見たことありませんでした。まるでシャベルで掬ったビー玉を一斉にゴミ箱に捨てるような勢いと混雑なのに、本当にそれは不思議」

見たことのない光景にgさんがホテルのオーナーに驚いたと身振り手振りで告げると、

「とにかく途中で立ち止まらないこと。いきなり駆けたり、停まったり、進路変更をしないこと。これらを守れば向こうが勝手に避けてくれますよ」と云われた。

面食らうことばかりだったが若いふたりには刺戟的で、ある意味、痛快な体験でもあった。

ふたりが泊まったホテルは町中から外れたリゾート地にあった。

リゾートといっても砂浜まではホテルから五キロほど離れているのだが、自転車を借りればわけはなかった。建物は三階建てで古い建物を改装したようだった。広さは一流ホテル並みに広かった。中庭を囲むようにして宿泊棟がコの字型になっていて重厚感溢れる外装とともに厳《おごそ》かな雰囲気を出していた。

ホテルでは、どこにでもある普通のルールの他に、ここだけの特別ルールがあった。それは〈食べ物を部屋に持ち込んではいけない〉というものだった。勿論、外で買ったものを持ち帰るのは良いのだが食べる時はホテルの食堂で、余ったものは食堂の冷蔵庫に、または食器用の棚に入れておかなくてはならなかった。

これだけは厳重に守ってください。と、英語で云ったオーナーの顔が、この時だけ厳しくなった。ふたりは了承した。

それから彼女たちはリゾートを満喫することにした。海岸に出てしまえば海の家のように併設されたレストランで食事をする。するとデッキチェアは無料になるのだ。

貧乏学生のふたりにこの国の物価の安さも魅力的だった。ふたりでお腹いっぱい食べて、ビールを飲んでも二千円でお釣りがくる。

初日、二日と彼女たちはこの旅に大満足だった。

三日目の夜、gさんは糸を引くような細い悲鳴を聞いた。

それは廊下の端からくるようだった。友人は静かな寝息を立てている。gさんの部屋は三階の真ん中にあり、他の部屋は空いているようで出入りする客を見たことがなかった。廊下を右側から声の主が近づいてくる。

時刻を見ると真夜中を過ぎている。息を詰めているとドアの前を通り過ぎて行った。

きっと早い時間のフライトで、もう出発しなくちゃならないのだけれど子供がむずかっているんだわ、とgさんは思った。

翌日、海から戻ってきたふたりは屋台街へと繰り出した。色々なものを買い食いしたのだが、最後にプチケーキをどうしても買って帰りたかった。ふたりとも寝る前に少し小腹が空くのであるが、ホテルの近くに商店はなく、またあったとしても閉店が早く使えない。

ふたりはそれぞれ好きなケーキを買うとホテルに戻った。ルール上は食堂に置かなくてはならないケーキだったが、部屋を出てわざわざ食べに行くのも面倒だった。

「きっと虫がくるからよ。ビニールにちゃんとしまっておけば問題ないよ」

友だちにそう云われ、同じ思いのgさんも賛成した。

ふたりで買ってきたケーキを食べジュースを飲むと、残ったケーキはビニールで厳重に縛り旅行鞄に隠した。

その深夜、またgさんは目を覚ました。部屋の空気が変わっていた。いつもの快適な部屋ではなく暗くじめついている。

誰かいる！　部屋の隅に誰かが蹲《うずくま》っているのがわかった。

寝ている友だちを起こさなくちゃと思ったが、軀が動かなかった。窓からの月光が部屋の三分の一ほどをぼんやり白く浮かび上がらせていた。

すると隅に居た者がベッドのほうへと床をのたくるように近づいてきた。目を見開いて見ていると月明かりのなかにそれは現れた。

gさんは絶句した。手足のない芋虫のような人間が跳ねているのである。

それは彼女たちの旅行鞄にまとわりつき、首だけで中身を出そうとしていた。悲鳴を上げようとしたが口すらも自由にはならなかった。

芋虫男は血走った目でgさんの傍らに這ってくると首をもたげて彼女を睨みつけた。

言葉を失っていると更に壁際の影のなかからなにかが蠢いて出てきた。また別の男である。白い腰布だけを巻いた軀は骸骨のように干からびている。それがベッドにいるgさんの元へヨロヨロと向かってくる。その後ろからもその後ろからも、同じような骸骨のような軀に白い腰布一枚つけた男たちがぞろぞろと湧いてくる。

男たちがgさんと友人の寝ているベッドを囲むと、芋虫男が再び床の上でのたうち暴れ出した。月の光はじわじわと男たちの顔を照らしていく。

白い光のなか見えるのは、眼球を失くしポッカリと暗い穴が開いている顔、半分切り取られ中身が剝き出しになっている顔、耳や鼻など突起している部分が削がれてしまっている顔、顔、顔……。いまや部屋のなかはびっしりとそうした男たちで埋まっていた。

彼らはなにかを怒っていた。やがて足を踏みならし始め、それが大きな震動となってベッドに伝わってきた。その痛いほど激しい感情がgさんの軀に重くのしかかってくる。

gさんは頭がおかしくなってしまいそうだったが、隣の友人は一向に目を覚ます気配がない。

助けて！　そう心のなかで大きく叫んだ瞬間、男たちの動きが止まった。男たちはgさんの手を摑むと、別の男たちに抱えられた芋虫男に差し出した。芋虫男は狂ったような目でｇさんを見るとその手に一気に噛み付いた。指先に激痛が走った。悲鳴を上げたが、なんの音も出ない。指先は半分ほどに欠けてしまった。

助けて！　助けて！　彼女は必死になって叫び続けたが、音はしない。すると周りを囲んでいた男たちが一斉にｇさんに飛びかかり、軀に噛みつき始めた。肉を食いちぎられる音、ばりばりと骨が噛み砕かれる音、咀嚼《そしゃく》される音が軀の奥から響いた。

眼球のない男が無造作に彼女の胸に手を突き入れたかと思うと、心臓を取り出した。まだ鼓動を打っているそれに、男はむしゃぶりついた。

あまりの光景に放心しているｇさんの頭を、別の異形の男が摑んだ。顔皮を失くした男が慄然としているｇさんの顔をマジマジと見た後、頭のなかに指を入れ中身を取り出した。

ｇさんは自分の脳が目の前に浮いたのを見て、失神した。

翌日、自分の悲鳴で目を覚ましたｇさんはそのまま泣き出した。

びっくりした友人が慰めたが、ショックはなかなか治まらなかった。

ようやく昨夜のことを、ぽつりぽつり話すと友人は暫く聞きながら「これ」と昨夜のケーキの入っているビニール袋を見せた。それは滅茶苦茶に潰されていた。旅行鞄の底に入れていたのに、だ。

こんなことってある？　友人はgさんの話を信じてくれた。

もうここには泊まれない。そう云ってふたりは部屋を変えて貰おうとフロントに行った。するとそこにはオーナーがいた。彼女たちの気配を察知したのか、彼はルールを破りましたね、とだけ告げた。正直に認めるとオーナーは、今日はこれを買ってきてください。そうすればなんの問題もありません、と様々な食べ物が書かれたリストを渡した。すべて近くの市場で買えるものばかりだった。

gさんたちは予定を変更し、リスト通りの買い物をしてホテルに戻った。オーナーとその奥さんはふたりが云うとおりにしたのを見てニコニコした。曰く、あなたたちは云うとおりにしたのでギーの怒りを持ち帰らない。ギーの怒りを持ち帰れば必ず大変なことになる、と。

オーナーは別室にある祭壇にすべてを供え、ふたりを座らせると長い経を唱えた。

聞けば、このホテルはかつて刑務所だった建物を一部残して造ったのだという。刑務所ではありとあらゆる拷問が行われていた。また食べ物がなく大勢の受刑者が飢えて死んだという。それらの霊はここにホテルを造る条件として、食べ物を部屋に持ち込まないことを命令したのだという。

gさんたちは部屋を替えてもらわずにそのままにした。

オーナーの云うとおり、その夜から不気味なことは起こらなくなった。

初日に聞こえた声は、別の部屋で同じ目に遭った宿泊者の悲鳴だったのだろうと彼女は思った。その人たちがどうなったのかは聞かなかった。

都会の狐狸《こり》 その一

ｂの実家の近くには事故の頻発《ひんぱつ》する交差点がある。

信号機もあるし、三叉路、五叉路といった変則交差点でもない。なのに歩行者と車との人身事故がよく起きる。被害者が死亡した場合などは菊の花束がガードレールに結ばれることになるし、事故の目撃者を探す立て看板も設置される。

ｂは二度ほど事故の瞬間に居合わせたことがあった。ひとつは中学生らしい少年がバイクに跳ねられるところ。青信号を横断中、飛び込んできた暴走バイクに跳ねられたのだが、運転しているのは真面目そうな配達員だった。倒れている少年の傍らに屈み込んで必死に声をかけていたのを憶えている。

もうひとつは後ろに子供を乗せたママチャリだった。その時は正面衝突しそうなタクシーがギリギリで躱したので前輪を跳ね飛ばす感じで自転車が横に回転した。乗っていた主婦と子供は道路に叩きつけられた。その時の濡れたシートを叩きつけたような音は耳奥に残っていた。ふたりともヘルメットを被っていたおかげで大事には至らなかったようだが、痛みで泣きじゃくる子供の姿は憶えていた。

ｂの部屋はマンションの九階で窓からその交差点がよく見えた。

夜中、勉強に疲れ、ベランダに出ると町を眺める。そんな時、目につくのだ。

それを最初に見たのは高校生の時。

どうしても解けない問題にイライラしてベランダに居た。冬の寒い時期で交差点にもひと気はなかった。通る車もなく歩行者信号だけが几帳面に点滅を繰り返す、そんな光景を眺めていると妙なものが目に入ってきた。

最初は三輪車かなにかと思ったが、やがてそれがハイハイする赤ん坊だとわかった。

時間は午前二時を回ったところ、しかも真冬である。赤ん坊は絵本に出てくるように裸に腹掛け一枚だ。そんな莫迦なと思い、目を擦った。野良猫を見間違ったに違いない。が、交差点を対角線を描くように移動しているのは紛れもなく赤ん坊だった。

やがて歩行者用信号が点滅した。駅方面から数台の車が交差点に近づいていた。到底、間に合うわけがなかった。

危ない！　と声を上げそうになってやめた。あまりにも得体がしれないのだ。

すると歩行者信号が赤になり、近づいてくる車列が交差点に速度を落とすことなく進入した。何台かが赤ん坊へと、まともに走り抜けた。

車が去った後には西瓜の食い残しのような残骸があった。千切れた腹掛けがそこから爪のように伸びている。

bは声が出せなかった。いま目撃したことは現実なんだと思った途端、全身が総毛立った。自分は人が実際に死ぬところを目撃したんだ。そんなとんでもないものをこんな形で見るとは夢にも思わなかった。

すると赤ん坊が渡ろうとしていた側から、幼稚園児ほどの子供がふたり駆け出してきた。それらは潰れた赤ん坊の残骸を、砂山を作るように寄せ集めていた。それが堆《うずたか》くなるとひょいと手を突っ込んで引っ張った。

なかから裸の赤ん坊がぴょんと飛び出した。

あっと声が出た。すると三人が確実にbに顔を向けた。

動転《どうてん》のあまりbは部屋に戻ると、布団を被ってそのまま寝てしまった。

翌日、赤ん坊が挽き潰された痕を確認しに行ったが、勿論、そんなものは跡形も残っていなかった。まるで狐に摘《つ》まれたような気分だった。

信号が変わっても渡る気になれなかった。すると、ぷるんと右手を握るものがあった。黄色い幼稚園帽に半ズボン姿の子供だった。bから顔は見えない。が、他人から見れば年の離れた弟と兄に見えただろう。見えれば……だが。

交差点の向かいにはガラス屋があった。店先にはいつも材料に使うガラスが掛けられている。ボウッとしている自分がいた。が、隣には誰もいなかった。

気づいた途端、手が痛いほど握り返された。もう一度、ガラス屋を見、視線を戻したときには子供の姿も手の感触も消えていた。


いまでも事故は起きる。

都会の狐狸　その二

ｃが酔って深夜に帰宅した時のこと。駅からの道を歩いていると尿意を催した。
コンビニに入るのは面倒だったのでｃは物陰で立ち小便をした。また歩き出して暫く
すると携帯電話が鳴った。出ると田舎のおふくろだった。
どうしたの？　と訊くｃに、あんた気をつけなさいよ、と、のんびりした口調で云う。
一体、こんな時間になんの電話だよ！　かあちゃん？
気をつけなさいよ。
何度かそんなやりとりをすると電話は切れた。
マンションに辿り着いたｃは酩酊する頭を壁に押しつけたままエレベーターを待った。
到着を報せるチンッという音で我に返り乗り込もうとするとエレベーターのなかはギ

ッシリ、人で埋まっていた。

こんな時間になんだよと思いながら足を入れると重量オーバーのブザーが鳴ってしまった。十五階に部屋があるcはなんとか乗ろうとしたが無駄だった。

なんなんだよ。文句を云いながら降り、次に戻ってくるのを待った。これが道ならタクシーで帰るという手もあるが、エレベーターである。乗る以外は階段をひたすら上がるしか手段はない。

cは酔いが尋常ではないほど深くなってくるのを感じていた。もう目を開けるのも辛い。また壁に頭を付けていると到着の音がした。

やれ嬉しやと顔を上げると、また人が鮨詰めになっている。なんでですか?、どうしてなんですか？　ぼやきながらcはどうにかして潜り込もうとしたが、やはりブザーが鳴ってしまう。再びホールに押し出されたcは床にへたり込んだ。このままじゃ遭難だ！と大の字になって叫んだ。すると次に戻ってきたエレベーターには誰も乗っておらず、cは先ほどの状況を思い出し頭を捻って乗り込んだ。

自分の部屋のある十五階に着いてまたcは驚いた。廊下も階段も人でびっしりなのだ。

まるで中東やアジアの市場のように人で溢れていた。どいてくれ、どいてくれと云いながら掻き分けているとドーンッと聞いたこともない音がした。それと共にマンションが傾きだした。側にいた人間がドンドン階段のほうへ吹っ飛ぶようして転がり、消えた。ギッギッギと音がするとマンションの廊下は丁度、直立するような格好になった。階下から男の声で崩れぞ！　と悲鳴混じりの声が上がった。

いまや廊下は崖になっており、cはどこかの部屋から伸びてきた細いロープに摑まっているだけだった。手を離せば他の奴ら同様、階段から外に吐き出されてしまう。

高校時代は体操で鳴らしたcは必死になってロープを引き寄せた。が、何度引っ張っても軀が部屋のなかに入らない。ロープが長すぎるのか力が足りないのかcにはわからなくなった。ただ、離せば死ぬ。それだけは確実だった。

かあちゃん！　腕が痺れ、肩が鉛のように動かなくなってきた時、cは偶然、電話で話をした母親のことを思い出した。気をつけなよ、と母親は云ったのだ。それなのに、俺はその言葉を莫迦にしたから、こんな目に遭うんだ。

cは泣いた。泣きながらロープを引いた。引けども引けども短くならない。無限に思えるロープを泣きながら引いた。もしもし、と肩を叩かれたのは、その時だった。

懐中電灯の明かりで我に帰ったｃは、ふたりの警官とその背後に停まって回転灯を点けているパトカーに気づいた。大丈夫ですか？　自分と同じ歳ぐらいの警官が繰り返した。大丈夫です、と云いながら涙でべとべとの顔をシャツの袖で拭った。

男の叫び声が聞こえるという通報があったのだという。警官が照らす懐中電灯の光の輪の先を見てｃはアッと声を上げた。

自分がロープだと思って引いていたのは自分のネクタイだった。ネクタイは標識の柱に通し、輪になるように結ばれていた。これではいくら引いてもきりがない。

警官に散々頭を下げるとｃは本当に一五階の自宅に帰った。

翌朝、標識の側を通り、立ち小便をしたところに見ると小さなお地蔵様が隠れるようにして置いてあり、赤い前掛けが濡れていた。

よく考えれば一階に到着したエレベーターから誰も降りないっていう時点で気づくべきでした。まあそれだけ酔っ払ってんたんですね、とｃは笑った。

ほぼほぼ未使用

山は魂を洗いに行ってるんだからさ。ひとりでないと心が裸になれないじゃん。

そう云うfさんはいわゆる〈山ガール〉である。

普段は編集者として忙しく働いているが年に何度か長期休暇を取ると山に籠もる。

幽霊とか怖くないんですか？　と話を振ると、
人間のほうがずっと怖いでしょ、と笑った。

実際、話を聞いてみると偶然、予約した山小屋が一緒だという青年と同道していたらひと気の無い場所で抱きつかれたり、テントで寝ていると入口を開けて入ってこようとする不埒な輩《やから》などにも遭遇したらしい。

でも、生の人間で一番怖かったのは……。

一度、滑落した人を助けたことがあったという。呻《うめ》き声が藪のなかからするので声をかけてみると、助けてほしい、と聞こえる。

上の稜線を歩いていて突風にやられたのだという。

稜線からここまで優に三十メートルはある。これは大変だと彼女は目の前の鬱蒼《うつそう》とした藪《やぶ》を漕《こ》ぎ漕ぎ進むと、果たして倒れている年輩の男性を見つけた。

眼鏡は壊れ、頭から出血をしていたが幸いなことにどこも骨折はしていなかった。しかしここでは救助に繋げられないし携帯は圏外だ。

歩けますか、と問うと、頑張ります、と立ち上がった。

本人の話ではひとりで山の写真を撮りにきていたそうである。近くの山小屋は季節外れで開いていない。避難小屋に泊まるにしても医療キットがない。ふたりは相談して、とにかく登山口まで下りることにした。

「けっこう切り傷が深かったんだけど……」

六十前半のその男性は、女性であるfさんに助けて貰うことに抵抗があったらしく、やたらと元気を装おうとした。頭の怪我も本人がリュックから出した手拭いで留めた。

手伝いましょうかと云うと、うるさがるように手を振る。しかたなく本人の好きにさせ、とにかく下山を試みた。しかし思いの外、男の出血が酷い。

頭の手拭い、締め直した方がよくはないですか？　と彼女は助言するが本人は耳に入らない様子だった。少し距離をあけ、様子をみながら付き添った。

歩き出して一時間ほどしたところである。

男性が頻りに腕を大きく振り回し始めた。その様子が普通ではないので、どうしましたか？　と訊くと、失礼なやつらだ、とえらく怒っている。

こっちは怪我人なんだから、少しは気を遣えっ！

大声でなにもないところに向かって怒鳴る。怪我によるショック状態なのだろうか。どうやら無人の登山道に人が登ってくる幻覚を見ているらしく、男性はそれをうるさがっているのだ。

まだ明るいとはいえ陽が落ち始めるのは早い。ひとりならばさっさと下山するのだが、全く云うことを聞こうとはせず、だからといって放っておくこともできない怪我人と歩調を合わせていて無事に下山できるのか不安になってきていた。

すると急に男性が静かになった。痛みでも出たのかと近づくと今度は泣いている。それも泣きじゃくりながら歩いているのだ。

どこか痛みますか？　大丈夫ですか？　と云った途端〈トミコォ〉と抱きつかれた。冷えた血が頬に生臭く付着した。

やめてください！　とちょっと強めに突き離すと、なんだそれは！　なんだその態度は亭主に向かって！　と手を振り上げた。完全に目が据《す》わっていた。

彼女はきた道を一目散に走った。しばらく走ってから振り返ると、怒鳴り声は聞こえるが追ってくる様子はなかった。

fさんは、なにかあればすぐに助けにいくつもりだったが、それまでは男性に気づかれぬよう無事に降りられるまでを見守った。幸いなことに登山口近くで帰り支度をしていた別のグループに助けられ、男性は連れられて行った。

その男性なんだけど、とfさんは云う。

男性を突き離して逃げた後、明るいところで指を見たら、なんか白子を潰したときみたいな白い滓が着いていて。脳が零れちゃったのかな、あの人。もしかしたら死んじゃったかもしんないね。

それならニュースになるんじゃないですか？　と訊く私に、
ならない。ニュースになるのは入院して二日以内の人だもの。それ以上経ってから亡くなった場合にはならないのよ。だから山での遭難や事故の実数はもっと多いはずね。

そんなfさんは既に二十年近く山をやっており、最初から単独行を貫いていた。たまには友人を連れていくこともあるが、それは自分の山ではないと言い切る。ひとりで登るのが登山で、友だちと行くのは山ピクニック。

あまりにあっけらかんとしているので、こちらも腹を決め、とにかく呑むことにした。するとと酔いが回ったのか顔が赤くなったfさんが、そう云えばちょっと変なことはあった、と唐突に云い出した。

山を始めて三年目に入った頃、fさんは晩秋から初冬の山に登ってみたくなった。気象状況はがらりと変わるので装備も一から点検して、相当買い足さなくてはならなかったが、それでもやってみたかった。

オールシーズン縦走できるようになりたかったが、それ用のテントを探し始めると値段が意外にも高い。テントだけでも五万円以上、それだけなら算段もできるが防寒服や靴なども含めると十万を超えてしまう。

気楽なフリーの身の上ゆえ、会社に買い上げて貰える有休もない。

これは父親が学生時代からかけてくれていた保険を解約しなければならないかもと思い詰めた頃、知り合いで要らないテントがあるという人がいた。しかも当人はキャンプなどは全くしないインドア派なので一度も使ってないのだという。

fさんはチャンスとばかりに実物を見に行った。するとひと世代前のふたり用冬期テントだった。色はダークオレンジ、床はダークグリーン、重量二キロ。型落ちであろうが関係ない、fさんが求めていたそのものだった。

要は壊れたり破れたりしていなければ全然問題なし。その意味では新品ほぼほぼ未使用だもん。願ったり叶ったり、とほくそ笑むfさんは、タダで良いという相手に五千円を渡しテントを持ち帰った。

シルバーウィークを外した十一月初旬、fさんは初めての冬山テント泊を行った。

本来ならば山小屋のそばで設営したほうが緊急避難のためには良いのだが、彼女は山小屋がなくても自分の行きたい山を選んだ。

野営地は頂上から少し降りた岩場の下にした。

冬山の夜は早い。午後三時を過ぎると日が陰り始め、急激に気温が下がる。設営を終えた彼女はテントに入ると早速、夕食の準備を始めた。

外は雪なのですべてテントのなかで行う。湯を沸かすとインスタントラーメンを作りさっさと夕食を済ませ、その後はもうひとつの楽しみである酒を呑みながらの読書である。スキットルに入れたバーボンとつまみを側に寄せ、寝そべると読書タイムに入った。持っていったのはスティーブン・キングの『シャイニング』。雪の中ただひとりのテントの読書、物凄い臨場感が出るじゃない、と笑った。

九時を過ぎると一度、急激に眠くなってきた。その前に携帯電話で初冬期単独泊として記念に、テントのあちこちで自撮りしておいた。やがて寝袋に潜り込むと昼間の疲れから忽ちのうちに眠りに落ちた。

——人が殺される夢を見た。

ツルハシで腹のあたりを突き刺された人は昆虫採集でピン留めされた虫のようになったまま、くるくる回った。残り、ふたりいた。

あまりに生々しい夢に彼女は目を覚ました。雪混じりの風がテントに吹きつけている。ヘッドランプを点けると彼女は再びカップに残っていたバーボンを呑み、目が覚めたので本の続きを読み始めた。その時、人の声を聞いた気がした。本から目を離し様子を窺う。風がほんの少し弱まると、その内容まではわからないが確かに人の声が届く。

時計を見ると午前零時を少し回ったところだった。

懐中電灯を摑むとテントのジッパーを開け、そのまま外を見回した。

雪風が強い。か細い光のなか、羽虫のような雪片が横殴りに飛んでいく。人影らしいものは見えなかった。が、また声がしたような気がした。もしかしたら滑落したのかもしれない。この吹雪のなかで叫んでいるということは向こうからはテントが見えているということだ。

fさんは靴を履き、外に出た。とはいえ、そう遠くまで見て回れる状況ではない。

テントからは見通せない下りになっている登山道を見、またその周辺を懐中電灯で照らすのが精一杯だ。風の強さにテントが気になった。飛ばないようペグ留めしておいたが、もう一度確認したほうが良い。

そう思い踵を返した途端、妙なものが目に映った。目の前の自分のテントのなかで影が動いたのだ。fさんはヘッドランプ以外に小さな電池式ランタンを持ってきていた。それがテントを内側からボウッと明るくしているのだが、その光をなにかが遮る。

人が居る？　いや、テントからここまで人に会った憶えはない。影が見えたのは一度だけ。やがてfさんはテントに戻ることにした。入口を開ける時、緊張したが誰もいるはずがないという気持ちのほうが強く躊躇いはしなかった。当然、なかはfさんが出て行った時のままになっていた。

もう一度、入口のジッパーを締め寝袋に入った。頭が徐々に重くなり、目蓋の裏がじんわりと緩んでくると彼女は眠りに落ちた。が、すぐに強烈な寒気と風の音で飛び起きるように目が醒めた。テントのなかが凍っていた。入り口が大きく開き、そこから入り込んだ吹雪で内側の生地が大きく煽《あお》られ、いまにもテントごと吹き飛ばされそうだった。

fさんはジッパーに飛びつくと締め直した。テントのなかはすっかり雪で凍りつき、一部は既にべとべと溶け始めている。

どうしてこんなことに？　最悪だこのテント、こんなに壊れやすいなんて。

が、壊れてはいなかった。

思えば、咄嗟のことではあったがジッパーを引き戻している。壊れていればどこかが噛んでしまってキレイに閉まることはないはずだ。現にいまはジッパーが閉まっている。

となると原因はひとつしか考えられない。

開けたのは風ではないのだ。

思うことがあり、テントのなかを片付けると寝転がり、fさんは先ほど撮ったテント内の画像を確認し始めた。と、一枚の写真で手がとまり全身の毛が凍りつく。

跳ね起きると入り口に背中を押し付けた。

テントの奥を照らすヘッドランプの光が震えている。奥にはリュックと寝袋が押し込んであった。もう一度、画像を確認してみる。笑っている自分の後ろにリュックと重ねられた寝袋があり、その口が少し開いていた。

その口から真っ白な顔が半分だけ覗き、自分に向かって手を伸ばしていた。

勿論、そんなものは撮った時には存在しない。バッテリーが限界なのか、ずーっとランタンとヘッドランプの光量が落ちた。テント内は仄暗くなった。

寝袋がもそもそと動きを移動させるとその口が歪みながら開く――なかから目ばかりをギラギラさせた首のようなものがfさんを見て笑った。

気がつくとfさんは外に居た。

吹雪はやんでいたがこのままテントのなかに戻らなければ凍死してしまう。しかし、テントのなかはなにやら影で一杯だ。ランタンの弱い光のなか、なにかがうろうろしていて、それが影となってテントに映し出されているのだ。

両手の指が痛くなってきた。このままでは凍傷になってしまう。最悪の場合、切断しなくてはならない。そうなれば編集者として生きていくことは、もうできない……どうする。

なかに戻ったの。

ｆさんはこともなげに答えた。

テントのなかは異様な気配が満ちていたというが、彼女はお経を唱えながら寝袋を探し潜り込んだ。寒さなのか恐怖なのか、止まらない震えと寒気を両腕で抱え込みながら横になっていると、黒々とした影が入り口近くに集まった。

彼女は目を硬く閉じた。

……ころしてしまおう。

ぼそりとそんな声がした。

……そのほうがみのためだ。

……そんなにいうのなら、ころしてしまおう。

突然、寝袋のなかで足首が掴まれると、そのまま引きずり込まれた。

彼女は絶叫した。


目が覚めると登山道を歩いていた、というｆさんが保護されたのはテントのあった場所とは山の逆サイドだった。とてもまともな装備なしに行ける場所ではなかった。

帰ってから、譲ってくれた相手にテントの本当の持ち主のことを聞いたという。警察のバザーで買ったんだって。たぶん押収した品物を放出したのね。テントだからよいだろうと思ったのね。どんな使われ方をしたのか考えもしないで――。

以来、ｆさんは登山の装備は新品で買うようにしている。

お座敷

花柳界が華やかなりし頃の話。相場師をしていたTさんはその頃、たまたま誘われて乗った株で大儲けをした。元はあぶく銭だ、パーッと使ってしまおうと毎夜毎夜、仲間と料亭に出かけては芸者遊びに明け暮れていた。

神楽坂にTさん、お気に入りの芸者が居た。なんとかモノにできないかと日参したが身持ちが堅く、芸は売っても色を売る気はさらさらないようだった。

ところが惚れた男の浅ましさ、断られれば断られるほど執着したくなる。Tさんは相手が心配になるほど尽くしに尽くした。するとある夜、たまたま予定していた仲間が休養でこられなくなりTさんだけが座敷にいると、件《くだん》の芸者がひとりで入ってきた。話があると云う。やっとこちらの気持ちにほだされたかとTさんは内心浮き浮きしながら彼女の話を待った。

するとと彼女はTさんの執心をやめてくれと頼むのだった。実は彼女には田舎から一緒に出て来た板前がおり、彼と夫婦の契りを交わしている。どのようにされてもそれを裏切るわけにはいかないので、これ以上は後生ですから別の芸者を贔屓《ひいき》にしてやって下さいと畳に擦りつけるようにして頭を下げた。

Tさんは感心した。やはり自分が惚れた女だけあると思った。

彼はわかったと云った。が、芸者としてのおまえさんの技量は見事なもんだから、これからは客と芸者として付き合ってくれ、それならば文句はなかろうと告げた。

芸者はありがたい話だと涙を零さんばかりに喜んだ。

それからは安心したのか芸者はTさんの誘いを気軽に受けるようになり、また身の上話もするようになった。

それによると女は秋田の貧農の出で、姉弟の口減らしのため芸者になったのだという。連れ添って出てきた男も同じ村の者だった。女は芸者、男は板前修業をしながら金を貯め、ゆくゆくは深川辺りに小さな小料理屋を出すのが夢だと云った。既にその蓄えも十分にできていると。近々、芸者を上がるという彼女にTさんは名残り惜しさを感じながらも益々、応援する気になっていた。

ところがその頃、大勝負に出た株が逆目になった。Tさんは毎日の借金の返済に追われ、料亭に顔を出すのが難しくなった。ようやくひと息つけたのはそれから半年ほど経った頃のことだった。

久しぶりにあの芸者に会えると心弾んでやってきたTさんに料亭の女将が、あの子はここんところ体調を崩していて、ずっと休んでいるんです、と云った。それは気の毒だとTさんは見舞いだと渡してくれ、といくらか金を包んだ懐紙を女将に渡した。

またTさんはそれとは別にして、仲間と久しぶりにその夜を楽しむ腹づもりだった。

夜も更けてきた頃、ふと気がつくとあの芸者が座敷の隅に座っていた。

病み上がりだという女将の言葉のままに顔に生気はない。障子を取り払いふた部屋をひとつにした広間の隅で、仲間の芸者が大いにはしゃぎ頑張っているのを前に申し訳なさそうに身を縮め端座《たんざ》している。

Tさんが良くきたなと手招きするも首を横に振るだけだった。

水臭い奴だ。Tさんは面白くなかった。多分、本人は女将から渡された見舞金の挨拶にきたつもりなのだろうが、Tさんの心根はそう云うものではなかった。具合が悪いなら悪いなりに、もっと気さくに話ができれば良かったのだ。

ちっ、芸者の癖に粋ってものがわからねえのか。

Tさんも立ち上がって自ら芸者に寄れば良いのだが、宴の主として、そこまでへりくだることもあるまいというのが正直なところだった。奴が客と芸者でいてえと云ったんだ。ならば俺が客なりになってるんだ、奴も少しは芸者になりゃあいいじゃねえか。

振り返ればあの時、既に自分も相当に酔っていたのだとTさんは云った。

仲間が他の芸者と座敷の真ん中で輪になって踊り出した。ひとり輪の中に入っていないTさんと隅で相変わらず暗い顔のまま遠慮している芸者。

不意に、悪遠慮《わるえんりょ》もいい加減にしねえかという怒りがましいものに突き上げられ、Tさんは膳にあった小徳利を芸者に向かって放りつけた。カチャンと徳利の割れるのとTさんが蒼白になって立ち上がるのとが同時だった。

首が、ね。とTさんは云った。

落っこったんですよ。

小徳利は確かに芸者の胸元に当たった。ハッとした様子で芸者はTさんを見上げた。するとその首がころりと外れ、畳の上に転がったのだという。

仲間に声をかけられ我に帰ると、首どころか芸者の姿も消えていた。

宴は悄然《しょうぜん》として終わった。不調法を仲間や芸者に侘びながら問うと、誰も件の芸者の姿などは見ていないと云った。悪い予感がしたTさんは帳場に行き、女将にいま起きたことを話した。すると女将が言い辛そうに、芸者は三日前に首を括って死んだのだと云った。折角、遊びにきて下さっているお客人に水を差しちゃいけないと先には黙っていて申し訳ありませんでしたと頭を下げた。

芸者は男に裏切られたのだ。板前は料亭の仲居とありったけの金を持って駆け落ちしたのだ。それを苦にした芸者は自ら命を断った。

最期の別れにきた者《モン》に徳利を投げつけたんですから……あたしも下の下ですよ。

以来、Tさんは料亭遊びからきっぱり足を洗った。

かみ芝居

Vさんのお祖父《じい》さんは昔、紙芝居をしていたという。

元は映画の弁士をしていたらしいのだがトーキーの流行で仕事がなくなってしまった。一時期は歌手も目指したというが生き馬の目を抜く激しい競争には馴染《なじ》めず、自慢の語りを活かせる仕事をと選んだのが子供相手の紙芝居だった。

当時はテレビもない時代だったので子供の楽しみはラジオか、時折やってくる紙芝居だった。子供相手と莫迦にするなかれ、一旦、当たる紙芝居を披露するや雲霞《うんか》の如く子供が集まり、忽《たちま》ちのうちに自転車の荷台の商品は売り切れ、飴だの色つきジャムだのの売り上げで家を建てた猛者もいたという。

お祖父さんは声も良く芝居も上手だったが、いかんせん商売が上品すぎた。

お金のない子供がいればなにも買わずにいても紙芝居をして見せたし、お小遣いを使いすぎる子供には無駄遣いするなと諭《さと》した。同業者のなかには全員が菓子か飴を買うまで紙芝居を始めないと云って小遣いを家に取りに帰らせる者までいたのに、だ。

もう少し商売っちゅうもんを考えなあきまへんで、と親方から説教も喰らった。

が、お祖父さんはどうしても子供に強くは当たれなかった。それは自らが貧しい体験をしてきたからだった。かつて、お金がないだけで犬猫のように扱われた悔しさを知っていたからこそ、お祖父さんは自分がそれをする側には回りたくないと思っていた。

そんなお祖父さんを見かねた親方がある日、ちょっと、と紙芝居倉庫に彼を呼び出し、古びたひと組の紙芝居を取り出した。

これがあんたに向いてるとええんやけど、と親方は云った。見れば五巻続きの妖怪モノだった。ぼんやり眺めているお祖父さんに親方は、これは、ちょっとした因縁モノでな、うまくいけば莫迦当たりするちゅうシロモノや。これでちょっと試してみなはれ、あんたもここらが正念場やさかい、と暗にこれで駄目だったらクビだよと臭わせた。

紙芝居というのは公園を回る〈売り子〉と商品の仕入れ、メインの紙芝居を貸元から預かってくる親方でできている。売り子は親方から商品を買い、上がりの何パーセントかを納めることで紙芝居を使わせて貰っているのだ。

当然、売り上げが下がれば人気のある紙芝居は回ってはこない。なにしろ当時の紙芝居というのは現代のような印刷物ではなくすべてが手書きの一点ものなのだ。だから下手な売り子には渡せない。こうして親方への上がりも少なくなった売り子は適当なところで親方が、他をしなはれ、と肩を叩くのである。

お祖父さんはどうもその瀬戸際にいたらしい。

さっそく貰った紙芝居を使ってみると、意外にも子供受けが良かった。話は子供探偵が妖怪博士が生み出す怪物を次々に倒し、攫《さら》われた女の子を悪魔の島から救い出すというものだった。ありふれた話なのだがお祖父さんの語りと共に子供達は固唾を呑んで紙芝居に見入った。

一週目は普段より少し多いなという感じだったが、二週目三週目と確実に子供の数が増えた。一旦、五巻分が終わり、再び頭から始めた頃には公園中の子供たちが集まり、お祖父さんの声が届くかどうか心配になるほどだった。

上がりが目立って良くなると耳敏《みみざと》い仲間たちが秘訣を探り始めた。が、秘訣などないのである。ただ単に親方から貰った紙芝居が偶然、ウケただけの話なのである、とお祖父さんは思っていた。

それにしても凄い人気だった。お祖父さんがくるのを子供たちは待ち構え、自転車の後を追いかけてくる有様だった。収入も増え、奥さんとふたりの子供も安心したようだった。

よし、これでもっともっと稼いで店のひとつも持つぞ！

お祖父さんはそう決心し毎日毎日、汗だくになって働いた。

そんな頃、子供たちにひとつの変化が起きた。

ある場面にくるとアッと小さな声を上げ、それがざわざわと波のように伝わるのである。注意していると、どうもそれは紙芝居の中身についてではないようだった。

〈動いた〉とか〈出た〉という言葉なのである。

ある時、公園で休憩をしているとガキ大将らしいのが子分を連れて近寄ってきた。そして不思議そうにお祖父さんの顔を見ると、

おっさんよ、なんでおっさんの紙芝居は動くんだい？　と訊いた。

動く？　動きゃしない。と答えると、
ふんと鼻で笑って、動くじゃネエかよ。最後の妖怪博士が原子ロボットで逃げるところとか、毎回いろいろだけどよ。

すると、もうひとり洟垂《はなた》らしが前に出、
おれは角っこに海坊主を見たぜ。紙の端っこから、にゅっと目玉だけ覗かせて、また引っ込みやがった。あれはなんだい？　手妻《てづま》かい？

お祖父さんは笑った。

なにかおまえたちは勘違いをしているよ。あれはただの紙芝居だ。紙に絵を描いたモノだ。動いたり、なにかが湧いたりするはずがない。

するとガキ大将が怒り出した。

ふん。そんなことじゃ承知しねえぜ。こちとら命がかかってんだからよ！

命？　なにを大袈裟なことを、とお祖父さんが云うと、また洟垂らしが前に出、
絵が動くのを見た奴はみんな死ンだぜと云った。

え？　お祖父さんは絶句した。

ほんとだぜ、ヨシもシンジもタカツもトンペイも病気になったり、事故に遭って死んだんだ。あの紙芝居のせいだぜ。奴ら、みんな絵が動くのを見た奴らなんだ！

お祖父さんは驚いてその場を逃げるようにして離れた。そしてその日は家に籠もったまま仕事に出なかったという。

翌日、親方に紙芝居の出所を訊ねると、ちょっと狡《ずる》い笑い方をして、なんで訊きたいんだいと逆に訊いてきた。

あの紙芝居はお返しします、別のものと取り替えて下さい、そう云うと親方は、あいよ、と頷いた。あれはある有名な死んだ画家が肺病の息子のために描いたものだよ。書き上げたところで息子は死んで、画家も後を追ったのさと云った。

新しい紙芝居はあまり売れなかった。またお祖父さんは元に戻ってしまった。

ある夜、子供たちと一緒に銭湯から帰る折、上の息子が、父ちゃん、あの絵は面白かったねえ、動いていたよね、と云った。

その夏、お祖父さんは子供をひとり赤痢で失った。

紙芝居は辞めてしまった。

殉死

eさんにとって中学は地獄だった。

小学校卒業を目前に父親の会社が倒産したため、ひとりっ子のeさんは東北から東京に引っ越すことになり都内の中学校へ入学した。

引っ越して半年後、父親は蒸発した。母親は生活と借金返済のため、朝はコンビニ、昼はスーパー、夜はファミレスとパートを三つ掛け持ちで働いた。家賃五万円の狭いアパートに住み、ふたりは普通の生活をしようとギリギリの努力を重ねていた。

クラスメートが、ゲロ子がさ、ゲロ子って、初めてそれを聞いたとき耳を疑った。変な話をしているなと思っていたが、まさかそれが自分のアダ名だとは思いも寄らなかったからだ。どういうことだろう……面と向かって確かめる勇気がなかった。まだ訛《なま》りが残っているからだ。

　昔は明るく時には先生に注意されるほどだったが、東京にやってきてからはクラスメートにわざと強く〈え？〉〈なに？〉と訊き返されるばかりで、徐々に口数が減った。いまでは一日中、黙っていることも多かった。

　中学二年になると、同級生たちは塾へ行ったり家庭教師を付けだした。eさんの家では無理だ。そんなことを頼んだら母親は死んでしまう。その怖さがリアルにあった。現に母は高熱でもパートを休まなかったし、代わりを頼まれると夜中でも出て行った。

　それでも毎月、母はテーブルの前で溜息を吐きながら電卓を叩いていた。

　勉強して偉くなってね、が母親の口癖だったが、もうそれは無理だとわかっていた。学校の授業に追いついていけないのだ。ある時、男子生徒が笑いかけながら、ゲロ子さあ、と声をかけてきた。反射的になに？　と聞き返すと。あ、こいつ返事したね、自分で自分のことゲロだって認めやがったね、とクラス中に聞こえるほどの声で笑った。

　放課後、黒板に自分の名前の横に＝《イコール》が引かれ、ゲロ子です。ヨロシクね♡と落書きがしてあった。それを見つめて立ち尽くす自分の横をクラスの女子が入ってきては、また出て行った。廊下に出た彼女たちは大声で笑っていた。

そこから一気に雪崩のようにイジメが本格化した。

机がマジックで真っ黒に塗り潰されていた。廊下を歩いたり教室内を移動すると、eさんと躯が触れないようクラスメートが大騒ぎして逃げ惑う。前後左右の机が大きく離されるようになり、ある朝登校すると机が教室の隅に蹴倒されていた。日直の名前は黄色いチョークでゲロとあり、習字、図画、貼り出したり展示するものはすべて名前が消されゲロ子となって、破られ、壊された。

eさんは担任がなにか云ってくれるのを期待したが、いつも疲れ切った顔の担任は積極的に動こうとはしなかった。

体操着が切られていたことで母親が学校に抗議の電話をかけた。担任が話を聞きますからと来校を促したが、母親は休日以外に休むことはできず、またそれ以外の日では二つ目のパートが終わる八時過ぎにならないと無理だった。担任は残業になりますね、授業に支障が出てしまうなあと渋った。

母親が苦しむのを見てeさんは家ではイジメのことを話すまいと決めた。

弁当の中身が捨てられ石やゴミが詰められた。靴が隠され大便所のなかに突っ込んであった。自分で取れよな、詰まっちまうだろ、みんなの迷惑なんだよと男子に云われ、eさんは自分の手で靴を取り出した。他にもトイレを使用していると水をかけられたり、モップを投げ込まれたりもした。イジメを誰が主導しているか目星はついたが、いつも集団の中にいてeさんが抗議をしても大人数で真っ向から否定された。

夢にまでイジメられる情景が浸食しだし、自分の唸り声で目が覚めることもしばしばだった。成績はガタ落ちし、やがて学校へ行こうとすると体調がおかしくなるようになった。それでも頑張らなくちゃ、お母さんも頑張ってるから自分も負けちゃいけない、と行くのだが猛烈な吐き気に襲われたりする。

ある時、いつもイジメにくる男子が脇を通っただけで極度の緊張と不安で吐いてしまった。こいつ本当のゲロ子だ、とその子は顔を顰め蹴りつけてきた。あまりの痛みに蹲ると自分の吐瀉物《としゃぶつ》の上に顔を押し付けられた。

翌日、校門をくぐれずに近所の公園のブランコに座っていると、反対側のベンチに同じ制服を着た女の子がいた。相手も自分を見つめていた。eさんが声をかけてみると、彼女は一学年上の生徒だという。

話をしてみるとお互いが同じようなイジメに遭っていた。彼女はクソ美と呼ばれていた。原因は全くわからないという。

その日、ふたりはずっと話し合った。誰もわかってくれないと思っていた気持ちを聞いてもらえるのは救われた気がした。eさんが、うんうんと話を聞くと彼女が涙し、彼女が聞き役に回るとeさんが泣いた。彼女のイジメ体験も壮絶だった。幼稚園の頃から一緒だったイジメっ子が中心になって、小学生になっても中学生になっても彼女に対してのイジメのグループを作り上げるのだという。地域が一緒だから逃げることができなかったという。いまではクラス中が敵だと彼女は溜息を吐いた。

地獄だよ。地獄、いつまで続くのかなあ。

でも、頑張ろうね、とeさんは云った。彼女は強く首を横に振った。

いいの。もう疲れてしまったの。あとは、あいつらがやってきたことをバラして、先生も、グルになってた大人も、みんな困れば良い。

そんなことできないよ、と云うと、彼女は、できるよ、と笑った。

遺書を残して彼女が電車に飛び込んだのはそれから十日ほどしてからだった。

衝撃を受けたeさんは通夜に出かけ、更に驚いた。彼女をイジメたであろう女生徒たちがみな涙を流しているのだ。が、その理由がすぐにわかった。彼女の遺書に何人もの名前が書いてあったそうで、加害者としての疑いを躱すためだったのである。

それが証拠に葬儀会場から出たとたん、面識のないeさんの前で、遺影がダサイだの、家の臭いが変だのとケロっとして悪口を云い始めたからである。

学校ではアンケートを取り社会的な話題にもなった。が、イジメっ子たちは大した罪にはならなかった。中心メンバーの三人が怒られ放課後にイジメに対する勉強の居残りをさせられた程度だった。彼女の死によって一番恩恵を受けたのはeさんだった。それまでのイジメが止まったのである。

イジメで自殺した彼女の霊が出るという噂が立ち始めたのは、それからすぐのことだった。

囁かれた話によると、自殺した彼女が四六時中、イジメグループのメンバーたちを監視していて莫迦にするのだという。昼食の時間、集まって食事をしていたメンバーのひとりは突然、うるぜぇぇ！　と金切り声を上げ、隣のメンバーの子の顔に箸を突き立てた。その場で取り押さえられたが被害に遭った生徒は左目を失い、顔にも大きな疵《きず》が残った。加害者は病院に入れられ、それを間近で見ていた他の何人かはその後、鬱やパニック障害の症状を引き起こし、また完全な不登校になってしまった子もいたという。

結局、イジメの中心メンバーは全員が調子を崩し、学校から姿を消した。

eさんはそうした話を聞く度に彼女のことが思い出されていた。

いまでもイジメ自体は終わっていないが、一時期の激しさは治まっていた。それに彼女も面と向かって反抗するようになった。

元々、体力も精神力も強い子であった。弁当を叩き落とされた時には馬乗りになって相手の顔を鼻が潰れるほど殴ってやった。相手の両親は怒鳴り込んできたが、今度は母親が猛烈な勢いで怒鳴り返した。その剣幕に気圧されてその後になにかを云ってくることはなくなった。

eさんは駅前に無料で勉強を教えてくれる場所を見つけ、通うことにした。大きくなったら看護師になろうと将来の夢が決まった。看護師なら母を楽にしてあげられる。

ある夜、母親が寝静まってからも勉強を続けていると肩をぽんぽんと叩かれた。

すぐに、あの子だと思った。怖くはなかった。

するとシャーペンを持つ手が勝手に動いた――げんき？　と読めた。

元気だよ、と口にした――〇。あなたは？　と訊くと――×。

どうして？　イジメっ子はみんな罰が当たったよ。

ペンが動かなくなった。何者かが部屋の隅で考えている気配がした。

じさつだから。じさつはだめ。してはだめなことだから。だからずっとくらいところにとじこめる。ひとり。さびしい。つらい。だれもない。なにもない。

そしたらまた話しにここへくれば？

いちどだけ。これでおわり。えいえんやみにひとり。

そこで、ペンがぱたりとノートに落ちた。

もう動かなかった。

看護師になったeさんは、いまでもそのメモを大事に取ってあるという。

死ぬほど好き

ｉさんがその患者に会ったのは一昨年の暮れ。彼女が勤める救急外来に緊急搬送されてきたのだった。

「ひと目見て重症だと思いました。怪我の程度は命を左右するものではありませんでしたが、躯の傷が治ってからの心的なケアは確実に困難なものになると予想できたのです」

患者名はサユリ。二十八歳だった。無職、独身、実家で母親とふたり暮らしをしていた。父親は三年前に心筋梗塞で他界している。幸いにも実家はローンが残っておらず親子ふたりで暮らすには問題がなかった。

サユリには普通の女性にはない特別な肩書きがあった。元アイドル、それもかなり名の知られたグループに所属していた。母親の話では中学三年生のサユリが原宿で芸能事務所にスカウトされた旨を告げると父親は断固として反対したという。

「あれは水商売だ、と言下に言い放ちました。昔気質《むかしかたぎ》の人ですし、自分の娘が水着などを着せられ大衆に媚《こ》びを売るなど考えられなかったのでしょう」

当初はサユリも乗り気ではなかった。芸能界といっても遠くから眺めるもので参加するものではないと思っていたし、第一、自分にはそんなことは無理だと思っていた。

事務所の説得は激しかった。実際にスカウトしたマネージャーからチーフ・マネージャー、更には取締役までがやってきて両親を説得した。そして遂に一年間レッスンを受けさせ、そこで本人の希望に沿った形にするということになった。サユリはそれでも消極的だった。人前で大きな声を出したり泣いたり、叫んだりするのは苦手だった。ところが同期に気の合う仲間ができた。いままでのような地元が優先された付き合いではない。それに同じ夢を見ている同士、話もしやすかったし、なによりその年頃では面と向かって云い難い本音をぶつけることができた。サユリは芸能活動というよりも、そうした仲間との繋がりに魅力を感じるようになった。聞いたこともない田舎から出てきて血を吐く思いでレッスンを受けている仲間や先輩を見ると感動した。やがて一年が経ち、サユリは芸能活動を始めることにした。今度は父親もなにも云わなかった。ただひと言、頑張れよと云っただけである。三人組のひとりということでデビューが決まった。

デビューして一年間は思ったような成果がでなかった。ところが、お菓子のCMでサユリに振られた決めゼリフが中高生にはまった。日を追うごとにサユリへのファンレターやプレゼントが増えた。追っかけといわれるファンが現れた。忙しさが倍々になった。それまでは普通の高校に通っていたのだが、やがて芸能活動も単位として認められる高校へ転校することになった。すべてが急流に呑み込まれているような生活のなか、タカノは現れた。最初は単なる出待ちのひとりだった。局やスタジオからの出入り口にいて目当てのスターやアイドルにプレゼントを渡したり、声を掛け合うのを喜びにしている熱狂的ファンだ。通常であれば〈応援してます〉〈可愛いね〉〈頑張って〉などと云うのであるが、タカノは「なんだ。ここにいたのか」と云った。普段、聞くセリフではなかったので、知り合いかと思わず顔を上げるとタカノは「捜したんだぞ」と笑った。それからタカノのプレゼント攻勢が始まった。しかし、それはどれもこれも異様な物ばかりだった。女性用の下着に安い香水、サイズを無視した服、フリルだらけのワンピース、紫色のラメが付いたハイヒール、杖、バニーガールの衣装。食べ物も多かった。それも通常、贈られる菓子ではなく、豆腐、漬物、生のハンバーグ。それらを廃棄する担当者が溜息を何度も吐くのをサユリは目撃した。食べ物はそのうち明らかにひとつの系統にまとめられていった。ウィンナー、チョリソー、ソーセージ、サラミ。ボンレスハムが届いたときには事務所内に失笑が起きた。当然だが、タカノは危ないということになっていた。握手会やサイン会にタカノが応募してもハネるようにされた。またCMなどに起用された時も会場にタカノがいないか監視された。何度かライブ会場で警備スタッフともみ合いになって摘まみ出されたという報告を受けた。やがて三人組が解散になった。リーダーの体調不良ということになっていたが、実際は自分より人気のあるサユリをあからさまに大切にする事務所の態度に不信感を抱いたのだった。残るふたりはバラバラになった。当初はペアで売り出す案も浮上したそうだが、社長がその提案を撥《は》ねつけた。こうしてサユリはソロとしてアイドル活動を続けることになった。タカノのファンレターの文面が変わってきたのはこの頃だった。仲間を切り捨てる卑劣な女、自己保身だけで動いている低脳、売女などあらん限りの罵詈雑言を書き連ねるようになった。この頃、マネージャーからタカノに気をつけなさいと云われた。その頃になると親元を離れ一人暮らしをしていたので、ちょっとした外出でも必ず施錠、誰かがついてきていないか後ろを確認、人混みの多い所へは出歩かないなどを確実に守るよう指示された。

そんなある時、サイン会で見知らぬファンがサユリの手を強く引いた。ハッとして相手を見るとどこかで知っている顔だった。ただそれが誰なのか明確にはわからなかった。すると相手はサユリ反応に満足したかのように〈おまえと同じ先生に整形して貰ったんだよ〉と云った。タカノだった。サユリは悲鳴を上げた。なにか顔にかけられた。スタッフが男を取り押さえようとしたが、既に会場から相手は飛び出していた。タカノは捕まらなかった。自分に危害を加えるために整形までする人間がいるということをサユリは信じられなかった。父は一般人に戻れと云った。しかし今更、それが無理なことは父も母もわかっていた。普通に暮らすには顔が知られすぎていた。いまは事務所があるから守ってくれる。無くなれば自分は丸裸同然になる。両親からは実家に戻るよう勧められたが、やはりそれも断った。スタジオや局への入り時間を取られれば睡眠時間が削られる。正直なところ連続して四時間以上寝られたことがない。ここが体力の限界だった。

警察に相談しに行ったマネージャーがぷんぷんして戻ってきた。まるで役に立たないという。ストーカーという言葉がなかった時代、警察は彼らを変質者と呼び、痴漢と同列に扱っていた。そんなに心配なら辞めれば良いのにと上席らしい刑事から云われたらしい。とにかく頑張ろうね。こんなことで負けちゃだめよ。サユリは頷くことしかできなかった。そんなある夜、シャワーを浴び、そろそろ寝ようかと思っていると玄関で音がした。廊下に出てみたが別段変わったことはなかった。他の部屋の音かな、そう思い戻ろうとするとドアポストの蓋が開いた。ふふふふふ、と声がした。目玉が隙間から室内を覗き込んでいた。〈開けろよ〜開けろよ〜〉その声と同時にドアのハンドルが激しく上下した。悲鳴を上げて逃げるとマネージャーに電話をした。警察がマネージャーよりも先にきた。震えている彼女にマネージャーが怪我はないかと訊く。事情聴取を受けている間もマネージャーはチーフマネージャーに、サユリが襲われました。今日中に引っ越したほうが良いと思いますと告げた。翌日からサユリはマネージャーと共に暫くホテル暮らしになった。タカノらしき人物は結局、目撃されたのが目だけということで犯人は挙がらなかった。

ひと月ほどして六本木に手頃な物件が空いたというのでサユリは引っ越すことにした。局からも近く、また息抜きできそうな店も多かった。それに前の部屋と違って完全オートロックなのも気に入った。一週間後、サユリは近くの店で深夜遅くまで過ごしてしまった。マネージャに知られたら怒られる行動だが、がんじがらめにされている生活に疲れていた。あれ以降、事務所にはタカノから剃刀入りの脅迫状や体液の入った瓶、自殺や殺害を仄めかすテープなどが送られてきた。しかし、相変わらず警察の対応は緩慢で他人事だった。ふと気づくと自分を尾ける足音がした。歩調を早くすると相手も早足になった。サユリは走った。相手を確かめている余裕はなかった。後ろから怒号のようなものが迫ってきた。叫びながら追ってきているのだ。サユリは全力で走った。心臓を吐き出しそうだった。相手のぜぇぜぇいう息がすぐそばに迫った。もう駄目だと思った瞬間、相手が転んだ。そのままサユリは走り、オートロックの玄関を越えた。エレベーターホールに潜んでいると整形したタカノが現れた。ガラスに手を当てて中を窺うようにしている。もうドアは開かないのだ。サユリはふと憎らしくなって、わざと見えるように立った。相手がオーイと叫んだ。サユリは、あんたなんか大嫌い！　死ねばいいのに！　と怒鳴った。タカノは嬉しいねえと云ってキーを取り出すとオートロックの鍵穴に差し込んだ。ドアが開いたのとエレベーターが開くのと同時だった。彼女は閉ボタンを乱打した。タカノの顔と手が迫った。が、一瞬、エレベーターが閉まるのが早かった。ドアを蹴上げる音がした。サユリは震えながらマネージャーに電話をした。タカノはこのマンションの鍵をもっていましたとも伝えた。その夜もサユリはマネージャーとホテルに泊まった。また引っ越しをした。サユリはなぜ自分が逃げ回らなくてはいけないんだろうと疑問に思った。迷惑をかけられ、被害を受けているのは、こちらなのに何故、警察は助けてくれないんだろう。そんな折、朗報が入った。タカノがマンションの鍵を持っていたのは、こっそり同じマンションを借りていたからだった。そして契約書に書かれた住所からやっとタカノが特定できたのだ。すぐに逮捕されるわよとマネージャーは笑った。サユリも少しだけ気持ちが軽くなった。早くそうなれば良いと思った。その夜、遅くなってからマネージャーが着替えも持ってきてくれた。ドアを開けると変な臭いがした。戦慄が電流のように駆け巡った。マネージャーの足にはスニーカーが履かれていた。〈この時間はコンタクト外しちゃうもんな、サユリは〉マネージャーに化けたタカノだった。タカノはサユリを一時間舐めた。頭から爪先までだった。騒げば手にしたナイフで刺される。サユリは目を閉じて耐えた。タカノは舐めながら〈一生に一度、一生に一度〉と呪文のようにくり返した。その時、ドアが勢いよく叩かれた。警察だ開けろという声が続いた。タカノはサユリをシャワー室に連れ込んだ。ドアが勢いよく開けられた。サユリが悲鳴を上げるとシャワー室のドアが開いた。警官の間からタカノに服を盗られたマネージャの顔が見えた。

タカノがナイフをサユリに向けた。閉めろ！　殺すぞ！　と叫んだ。ドアが閉じられ、逃げられないぞ！　と声がした。タカノは笑顔のまま、突きつけたナイフでサユリの顔をなぞった。座れとバスタブのなかを指差した。震えながら入るとタカノも入ってきた。時折、外からの叫び声にタカノが怒鳴り返す。

目を開け！　タカノがサユリの髪を持って顔を引き上げた。

奴は笑った。あれ？　おまえ案外、大したことないな。と云ってからナイフを首に突き立てた。鮮血が顔にしぶいた。タカノはそのまま思い切り、横に切り裂いた。ピンク色の喉笛が裂け目から先端を飛び出させた。

サユリの悲鳴に警官が突入した。タカノはホテルの敷地を出る前に絶命した。

事務所はサユリの一ヶ月の静養を発表した。

気晴らしに誰もあなたを知らない外国にでも行って遊んでらっしゃいと社長は云った。新しいマネージャーが同行してくれた。しかし、それも一週間と保たなかった。サユリはどこでなにをしていても安心できなくなっていた。それは医学的にもまだ十分にショックから立ち直ったとはいえないという部分もあったが、事態はもっと深刻だった。

タカノが居るのである。死んだはずのタカノ、存在するはずのないタカノが初めて入ったレストランのオープンテラスに座っていたり、また新しく泊まったホテルの部屋のベッドの陰や、またはトイレ、エレベーター、美術館の回廊などありとあらゆるところにいて、サユリを見ているのである。勿論、彼女にもそれらが幻覚であることはわかっていたが、一向に慣れることができない。あいつの顔が見える度、その先にある更に見てはいけない忌まわしい光景が蘇ってしまう。

サユリの体重は忙殺されていた現役時代を割り込んだ。帰国の際には立ち上がることもできないほど衰弱していた。食べても吐いてしまうのだ。端から見ても仕事のできる状態ではなかった。二十代半ばの棒っ切れのような軀の病人を世間は必要としていなかった。やがてサユリは世間から忘れられていった。サユリは当時かかっていた精神科医に自殺したいと仄めかした。二十四時間四六時中タカノに監視されているのは耐えられないという。精神的なトラウマが視覚野に影響を与えていることはわかった。サユリの幻覚は普通のものより鮮明で生々しい。それ故、無視することなどできないのだ。

二十七歳で事務所とは契約更新ならず、自然消滅、そのまま引退だった。

実家に戻ったサユリは母親から妙な指摘を受けた。彼女はたまに見えない男の人と喋っているというのだ。

サユリはタカノを見ていると気が狂いそうだった。なんとか幻覚を消してもらえないかと全国を走り回ったが、無駄だった。

絶望した彼女は自ら眼球を取り出してしまった。家は大騒ぎとなり、処置を終えた上でiさんの元にやってきたのである。

サユリはiさんを前にして自分は救いようのない愚か者だと泣いた。

〈先生！　幻覚って目で見るものなんじゃないんですか？　こんなのおかしいです！〉

そう、幻覚の多くは目で見るのだが、その目が駄目になった場合には脳が関連づけられた映像を表すこともあるのだ。

今やサユリは完全にタカノの監視下に置かれた。頭から映像を消し去ることはできない。

聖地巡礼

「聖地巡礼だって云うんですよ」

hは高校時代の仲間の話をしてくれた。仮に彼らをA、B、Cと呼ぶ。

「小学校までは普通だったし頭の良い奴らだったんですけど」

三人は地元では珍しく中学受験をしたのだが三人が三人とも落ちてしまい、結局はみなと同じ地元の中学に進学した。ところがそのあたりから周りとの違和感が増大したらしい。

「こっちは昔と変わらずに付き合おうとするんですが、奴らはおまえらと一緒にするなみたいな空気を出していて。まあ、なかでも僕は比較的、遊んだほうだと思います。心霊探検クラブに誘われたのも僕だけだったし」

hと三人は同じ高校に進んだ。三人はここでも私立を狙ったが無理だったのだ。

「高校も一緒なんだから変なエリート意識は捨てればいいのに。その頃でも周りとは違うと思いたかったんでしょうね。結局、三人は互いに互いを今は失敗している不幸な王子様みたいな考え方に安定してました」

彼らは普通の部活には参加せず、自分たちで『心霊探検クラブ』なるものを作り、こっくりさんやら百物語やらをしていたという。

「僕は完全に遊びだと思ってやってたんですけど。奴らは本気でした。百物語の時も本当に九十九やるし、線香と江戸時代の蠟燭みたいな、ぶっといのを用意してたから。あんなのいったいどこで買ってきたんだろうっていうような……」

hによるとAは父親が消防設備の会社を手広くやっていて家は裕福だった、Bは父親が地元の信金に勤めるサラリーマン、Cは母子家庭で生活は厳しかったようだという。

「だからなにかお金がかかりそうなことになるとAが出してました。それで部長もAがやって部活の行事もほとんどAが独断で決めて、残るふたりは黙ってそれに従うような感じでしたね。僕もそういうのは嫌いじゃないんで参加してたんですけれど、途中からちょっと趣旨が違ってきちゃったっていうか……」

Aは積極的に黒魔術みたいなこともやり始めたのだという。

「決定的に、あ、こいつら駄目だと思ったのは」

拾ってきた野良猫を儀式に使うと云って殺したことだったらしい。

「その前にもあまりに真剣に心霊とかやるもんだから、なんでそんなに一生懸命なの？ってAに訊いたんですよ。そしたら奴……」

おれは奴らに会って頼みたいことがある、とAは答えたという。

「それはなんだって訊いたら、自分の思い通りに生きる力を授かることだって。思わず吹いちゃったんですけれど、あいつは凄く真剣で。霊魂は化学を超越した存在なはずだから絶体に不可能を可能にできるって断言したんです」

その後、Aは呪術に填《は》まる。

「烏《からす》の羽だの、黒猫の血だの、鶏の足だのって三人で探して回ってましたから」

だんだんカルト的になる心霊探検クラブから距離を置くようになったhは写真部に入った。するとと時折、Aが現像を頼んでくるようになった。部室に装置があるのだが、h

は印画紙に浮き上がったものを見て絶句した。切り落とした犬の首の周りに蠟燭を立て、フード姿の三人がそれを囲んでいるのだった。

hは、はっきりもう現像できないと云った。

その後、彼らは学校で会っても話をすることもなくなった。

「そしたら夜中、不意にAから会って欲しいって連絡があったんです」

高校を卒業してすぐのことだった。

hは都内の自動車メーカーに就職が決まっていた。携帯の画面に表示された名前を見て出るのはよそうと思ったが、なにか胸騒ぎがしたのだという。

Aはふたりが知っている二十四時間営業のファミレスを指定してきた。深夜といっても明け方に近いような時刻だった。

ファミレスに着くとAは酷く憔悴《しょうすい》して震えていた。

その様子に、なんだ魔王でも召還できたのか、と呼び出された鬱憤《うっぷん》をぶつけるとAはそうかもしれない、と頷いたという。

以下はhが聞いたAの話である。

高校卒業後、Aは都内の大学へ、Bは関西の大学へ、Cは茨城の部品メーカーに就職が決まっていた。三人は心霊探検クラブ最後の仕上げとしてなにか記念になることをしようと思い、凶悪事件のあった現場を一日で回ることにしたのだという。そしてそこで写真を撮ったり、念を込めて祈りを捧げることで部活動の総括にしようというのだ。

電車を使うよりも車のほうが夜中まで動けるということで、免許を持っていたBがレンタカーを借りてくることになった。

まずはI県を出発点にした。現場が山の中なので明るいうちでないと無理だからだ。ここは同級生から莫大な金額を恐喝され、最後は首にロープを掛けられ綱引きの要領で絞殺された後、自分で掘った穴の中に捨てられた被害者がいた。暗い鬱蒼《うっそう》とした森を入ると枯れてしまった花束が置かれている場所があった。線香立てを模した空き瓶もある。

三人は写真を撮りまくった。そして持参したガラスの小瓶に記念だと、現場の土を詰めた。それから被害者の気持ちになるためにその場で仰向けになって寝た。

「なにか感じたら教えろよ」Aはふたりに云った。

土の冷たさと木々の臭いが寂しさを募らせた。

あ、と声を上げたのはCだった。どうしたんだと云うと、あそこに誰かいると森の中を指差した。だが目を凝らしてもなにも見えない。どこだと云うAにCはあそこだあそこだと指を差した。しかし、AにもBにもなにも見えない。すると、消えたとCかポツリと呟いた。Cの話では小柄な男がこっちを睨んでいたという。黒っぽい服だと思ったが、もしかするとあれは泥なのかもしれないと。青ざめているB、Cに対し、Aは嬉しくなった。もしかしたら今日が本当の意味で心霊探検クラブの集大成になるぞと、はしゃいだ。

そこからI市に入った。ここではヤクザの強請《ゆす》りに錯乱した男が押し込みに入り、そのまま十四時間の間に一家四人を殺害した現場だった。マンション前で記念写真を撮り、ひとりひとりが事件のあった部屋のノブを握り、それも写真に納めた。

既に日は暮れていた。

続いて都内へ戻った。長期間に亘るリンチの末に殺害された被害者がボストンバッグに詰められ、コンクリートを流し込まれたドラム缶ごと捨てられていた場所だ。三人は今は道路となっている場所で記念撮影をした。するとCが突然、立ち小便を始めた。A

がなにをするんだと云うと「こうしたほうが早く出てくる」と笑った。いつも三人のなかでは大人しいCにしては大胆な行動だったが、この聖地巡礼に相応しい霊からのリアクションが欲しいAはCに倣って放尿した。Bは自分は出ないと云った。

それから彼らは更に目的のマンションに移動した。現場のマンションは隣室に住む犯人に殺害され、バラバラにして下水に流された事件だった。やはり事件が公にされたためか夜だというのに電気の点いている部屋は少なかった。三人は事件のあった部屋の前で写真を撮り、ノブを触った。その時、Bがアッと叫んで手を離した。静電気だという。しかし、始めに握ったAとCにはなにも感じなかった。どこからか女性の声が聞こえた。歌っているような、か細い声だった。Cが霊を本気にするためだとドアに唾を吐きかけた。残るふたりもそれに倣《なら》った。

その後、ファミレスで遅い夕食を取った。コップが四つ置かれた。三人は喜んでそれを撮影し、ウェイトレスに四人いたのかと聞いた。案内したウェイトレスは女性の方がいらっしゃいましたと云った。三人は嬉しくなった。特にCは自分の手柄だと笑った。

ところが運ばれてきた食事を口にした途端、三人とも絶句した。腐っているのである。

ウェイトレスに味がおかしいと訴えるとマネージャーがやってきた。相手は皿の残りを口にし、おかしくはありませんと云った。品質管理には自信があるとも。それでもおかしいと云うと店側はお支払いは結構なので退店して欲しいと云った。三人はその通りにし車中、店がおかしいと散々、悪口を言い合った。

突然、急ブレーキが踏まれ、AとCは顔を内装にぶつけた。なにやってんだよと云うとBが真っ青な顔でいま、子供を轢いたと呟いた。嘘だろと車外に出て見るとそんな痕跡は微塵もない。しっかりしろよと注意し、ある港へと向かった。

次に目指すのは直接の現場ではなく死体が遺棄された場所だった。覚醒剤密輸を巡るトラブルでヤクザが麻雀店経営者をリンチして殺したのだが、最後に家族の声だけ聞かせて欲しいと懇願する被害者を生きたままチェンソーで切断した。せめて殺してから切ってくれないかという被害者の願いも虚しく動いたら、うまく切れないだろと犯人は笑いながら生きた首を切り落とした。人形みたいだろと遺体を見て云ったという供述が残っている。軀の一部が見つかった湊《みなと》をバックに記念写真を撮った三人は花束の代わりに、堤防から放尿した。Cはすっかり人が変わったように「成仏しろよ〜」と大声で笑った。

そこまでで既に零時を過ぎていた。次の現場に行く前、彼らは別のファミレスで食事輪した。今度は味はおかしくなくなっていた。撮った写真を確認していたAはいくつか奇妙なものが写っていることに気づいた。特にコンクリートの場所ではCの顔のあたりに白い靄《もや》のようなものが写っていた。勿論、撮影時にそんなものはなく車の排気ガスもなかった。他にも顔が微妙に大きく写っていたり、歪んでいたりした。不思議だ不思議だと三人は思わぬ成果に大満足していた。

最後に行ったのがY市の奥にあるマンションだった。O市で子供を放置し、餓死させた事件があったが、あれと同じものがあったのである。当時は今ほど生々しい報道はされず母親、二児を殺害といった程度のニュースだった。しかし、噂では深夜まで泣き喚いていた子供の叫びが耳について離れないと住民は次々と引っ越していたらしい。心霊探検クラブの最後の場所はそこにAは決めていた。

Y市の外れにあるそのマンションは周囲を森に囲まれた一見、ここがY市だとは思えないような場所にあった。

駐車場に車を駐め、マンション内に入った。

「ほとんど誰も住んでないみたい」

チラシを吐き出している集合ポストがずらりと並んでいるのを見てBが呟いた。

落葉やゴミが溜まっていて共用部分は掃除もできていないようだった。照明は壊れっぱなしで廊下は暗い。事件のあった部屋まで進むが明かりの点いている部屋は皆無だった。

三人はドアに敢えて小便を掛けることにし、ふざけたAがそれを撮った。三人で再び記念写真をドアの前で撮ると帰ろうと云うことになった。

暗い廊下を進むとCが部屋の前で手招きしていた。

「なにやってるんだよ」とAが云うとCは嬉しそうにドアを指差した。

――開いていた。

なんで開いてるんだ？と顔を見合わせるふたりに対し、Cはラッキーと云いながら部屋に中に入って行き、ふたりもそれに続いた。長い間、放置されているにしては部屋のなかはちゃんとしてい驚いた。三人は土足のまま上がり込んだ。部屋の廊下の手前にひとつ、奥がリビング、その横に畳敷きの六畳の和室、その裏に寝室があった。テーブルの上には皿が並べられていた。カーテンは閉められていたがこのまま住めるような感じだった。Aはあちこちの写真を撮った。特に餓死した子供が発見された風呂場は何枚もシャッターを切った。こちらもなかはきれいだ。

「たぶん別の人に貸すために大家が内装をまるごと新しくしたんだな」

Bがそう呟いた。

その時、人の声がした。見つかれば即、不法侵入で捕まってしまう。全員に緊張が走る。が、声は外からではなかった。Cがシッと唇に指を当て、和室の押し入れを差した。耳を澄ますと確かに声はそこからしていた。

Aがカメラを構え、Cが押し入れの把手に手をかけた。

さん、に、いち!

勢いよく襖《ふすま》を開けたがなにもなかった、と、その瞬間、喉を潰すような声が頭上から降ってきた。天井にぼこぼこ穴が開いていた。そしてそこから何人もの顔がこちらを見下ろしていた。げぇ！　Aは逃げだした。マンションの外まで飛び出すと車の側でふたりを待った。Bがやってきた。しかし、Cがいつまで経っても戻ってこない。携帯も繋がらないままだ。しかたなく、ふたりは戻ることにした。ドアを開けて愕然とした。部屋のなかはボロボロの廃屋だった。堆積した泥と埃が床を埋め尽くし、至る所に落書きがされ、壁紙も剝がれ、床板はところどころが抜け落ちていた。しかもとんでもない腐臭に息もできないほどだった。

ふたりは廊下を進んだ。リビングは黴とゴミの山だった。カーテンは落ち、椅子は足が腐っているようだった。冷蔵庫の蓋が開き、吐き気のするような悪臭はそこが原因だった。

「C‼　C！」と呼び掛けた。

べちゃりという濡れた音と、うふふふと含み笑いが聞こえた。

振り返ったBの顔が蒼白になった。扉のない朽ちた押し入れの上段にCは蹲《うずくま》っていた。しかも、手にしたものを口に運んで、噛んでいる。

それを見たAは吐いた。

Cは両手に抱えた腐敗した猫を噛んでいた。

屍体からは蛆が雨のように吹きこぼれている。

「莫迦！」Aはそう云うとCの腕を摑んだ。するとCが腐った息を吐きかけながら「A

ちゃん、おかあさん、迷っちゃった」と云った。

Cの黒目がそれぞれ別を向いていた。

BがCの手から猫を払い落とし、むずがるCをふたりで車まで運んだ。

部屋を出た途端、ドッと笑い声がした。

「シャレになんねえ……シャレになんねえ」とBはくり返しながら車を出した。

Cはなにごとかわからないことを呟き、時折、それがA、Cに対しての罵声になる。

〈おまえらみてろよ〜。これからが地獄だぞ。考えもつかないだろうなあ、きゃっはは〉

AはCを病院に連れて行くことに決めた。地元の救急病院に運び込むとCの母親に連絡を取った。Cは即入院となり、母が見ることになった。事情を説明すると母は泣き崩れた。ふたりとも言葉がなかった。たった、ふたりの母子なのである。

取り敢えずまたきますと言い残し、AとBは車に戻った。

気まずい沈黙が流れた。

無言だったBが、やりすぎだよとぽつりと云った。

自分だけのせいにされたようでAが鼻白んだ。

「おれだけが悪いわけじゃない。無理矢理、連れてきたわけじゃないだろ！」

負けじとBも言い返す。

その時、ボンッと衝撃が走り、白いものが前から後ろへと飛びのが見えた。

Bは真っ青になり外に降りた。そして、うわああ、おれは、もうお終いだ〜と叫んだ。見ると腕でなにかを抱えるような格好をしてしゃがんでいる。

なにを云ってるんだ、なにもないじゃないかとAが笑いかけるとBは物凄い顔で睨み付け、おまえにはこの子が見えないのか！　と叫び、再び、おれはお終いだ！　と叫んで駆け出した。「どこへ行くんだ！」と云ったが全く耳に入っていないようだった。

Aは放置されたレンタカーのなかで待った。しかし、いつまでもBは戻らない。

すると一台のパトカーが近づいてき、Aに職務質問をしてきた。友人と喧嘩をしたら相手が車を置いてどこかに行ってしまったと云った。君は運転はできないのかねと云われたので免許がありませんと云うと警官は、このままでは、どうしようもないから鍵をして交番で預かりましょうと云ってくれた。

Aは警官に借りたメモに交番の連絡先とメッセージを残し、外から見えるようにフロントに置いた。
そして交番で色々と事情を聞かれた後、始発で帰宅した。
自宅に帰ると携帯が鳴った。出ると母親だった、心配したのだろう。
「いま、もう家だよ」
『おかあさん、迷っちゃったわ』
「なに云ってんだよ、もう家に戻ってるから」
廊下を進んでリビングに入ったところでAは絶叫した。
舌を吐いた母親が見下ろしていた——首を吊っていたのである。
Aはそこまで話すと「おまえが正しかったよ」と立ち上がった。
hは絶句したまま動けなかった。
以来、ABCが現在、どうしているのか全くわからないという。

あとがき――怪談遺産のこと

長年、このジャンルに携わっていても解けない疑問があります。それは〈実話〉〈文芸〉を問わず、怪談とはいったいなんだろうということです。

怖ければ怪談なのか？　なにか教義的なものが含まれれば怪談なのか？　不思議な実話なら怪談なのか？　勿論、この問いの先には『良い怪談』への答えを是非とも探したいとの願いがあります。

怪談というのは人が物を綴るようになってから真っ先に生まれたものではないかという思いが僕にはあります。それこそ今までに洋の東西を問わず、幾千幾万の怪談、ホラーが生み出されてきたことでしょう。

なぜ、こうも人は怪談ならびに怖い話を求めるのか、そこに簡単な答えがあるとは思えませんが、今回、敢えて大上段に構えたタイトルにしたのには、なにかの形で残しておきたいと思わせるものがある話を留めておきたいと思ったからです。

タイトルは今、流行の○○遺産という風にしましたが、ここには怪談というジャンルは決して他に劣ったり、傍流として軽んじられては困るという僕自身の祈りに近い、願いも籠められているのです。ウン百の怪談があったとしても、時の試練に耐え、後世まで伝えられるものは、ほんのひとつまみほどしかありません。それらの多くは既に一家を成し、名を立てた作家のものが殆どです。

しかし、なかには市井の達者でない人が描いたなかにも非常に優れたものがあります。それは現代でも同じです。そうした怪談の純粋な愉しみという視点から遺産という風に名付けました。

今後、僕に限らず、いろいろな人が、これは是非、残しておきたいという話が出て来た時、それを時の試練に耐えさせる手伝いになればと思っています。

まだまだ看板は上げたばかりですので、中にはえ？　これが？　というものも混ざっているかもしれませんが、これからもどしどし精進致しますので、この怪談遺産、どうか末永くご贔屓を戴ければ、作者としてこんなに嬉しいことはございません。

平山夢明　拝

怪《かい》談《だん》遺《い》産《さん》

2017年5月27日　初版第一刷発行

◉著者　平《ひら》山《やま》夢《ゆめ》明《あき》

◉装幀　坂野公一＋吉田友美（welle design）
◉本文デザイン・DTP　小林厚二（sowhat.Inc.）
◉企画・編集　中西如（Studio DARA）

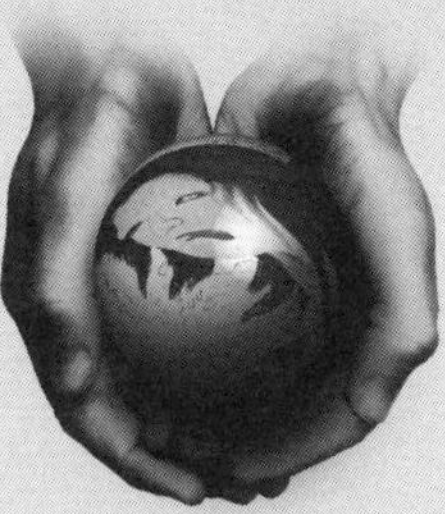

◉発行人　後藤明信
◉発行所　株式会社　竹書房
〒102−0072　東京都千代田区飯田橋2−7−3
電話　03−3264−1576（代表）
03−3264−6208（編集）
http://www.takeshobo.co.jp
◉印刷所　中央精版印刷株式会社

ISBN　978-4-8019-1029-4